培养成功孩子40招

亲子双赢无极限

徐岫茹 王文雄◎编著

图书在版编目（CIP）数据

培养成功孩子40招——亲子双赢无极限/徐岫茹，王文雄编著.
——北京：首都师范大学出版社，2012.1

ISBN 978-7-5656-0666-3

Ⅰ.①培… Ⅱ.①徐… ②王… Ⅲ.①家庭教育

Ⅳ.①G78

中国版本图书馆CIP数据核字（2012）第011205号

培养成功孩子40招——亲子双赢无极限

徐岫茹　王文雄　编著

策　划　李　锋　　责任编辑　靳丽霞　　责任设计　宏章·一品视觉

首都师范大学出版社出版发行

地　址　北京西三环北路105号

邮　编　100048

电　话　68418523（总编室）　68982468（发行部）

网　址　www.cnupn.com.cn

北京天正元印务有限公司

全国新华书店发行

版　次　2012年3月第1版

印　次　2012年3月第1次印刷

开　本　700mm×1000mm　1/16

印　张　18.25

字　数　228千字

定　价　42.00元

前言 Qian yan

成功教子靠新招　亲子双赢无极限

家教塑造孩子的明天，孩子关系民族的未来。成长过程中的孩子需要教育，家长更是首先要学习和接受教育，否则怎能有资格教育孩子呢？

作为父母，面对自己的孩子，您是否知道十年、二十年、三十年后，您的孩子发展如何呢？而中国和世界又会变成什么样子？家庭教育是每个家庭的大事，也是影响未来世界和人类命运的重要因素之一。

家庭教育需要超前意识。培育孩子，如同种植一棵树，您想让他成材，长成枝繁叶茂的参天大树吗？那就不要将树苗种在温室的小花盆里，要让他适应任何不同的土壤，既要接受大自然的阳光雨露，也不能逃避酷暑严寒的气候变化。

家庭教育需要随机应变。孩大十八变，环境多元化，每天都有新难题，您有办法应对自如吗？就请向孩子请教：亲子如何共同过难关、迎挑战？两代人一起行动和思考才是正道。

家庭教育需要科学观念。教育的个性化时代到来了，看透世俗，不可随波逐流；穿越“利益链”，勇于抛开某些落伍于时代的“流水线”，汇入国际人才竞争的洪流中。有远见的父母和孩子，就会勇敢突破“绿领巾”“红校服”或“五道杠”的羁绊，走出一条适合自己的独特发展之路，为现代教育理念的实践和新时代高科技的发展潮流推波助澜！

在当今的信息时代，做任何事情，都需要人们善吸纳、勤思考、会算计、能策划,家庭教育也一样,不要白白耗费了父母和孩子们宝贵的时间与精力,而又收效甚微。

因而特以《培养成功孩子40招——亲子双赢无极限》赠予读者,易于记忆理解,简捷实用可行,希望对父母们有所启发。在具体方法上,父母们还可学习、借鉴古代的《孙子兵法》《三十六计》等,家教也要思谋略、讲规则,不可乱了方寸,迷了阵脚。

教育孩子需要高瞻远瞩,需要讲究战略战术,其宗旨就在于遵循孩子的身心发展规律,引导孩子学会适应当今社会发展,发挥自己的优势和潜能,走上成功人生的康庄大道。时代发展迅猛,知识观念更新神速,家庭教育必须日日求新、时时更新。

本书介绍的家教新招数,是您在其他家教书籍上难以看到的,是日常难以听到的;新招数是符合现代教育发展潮流,与孩子的成长规律合拍,孩子易于接受的;新招数可能是父母们以前没有采用过的,而又通俗易懂,实施起来简便易行,且是效益极高的。

孩子在一天天长大,父母们都对孩子有很高的期望,同时,社会的发展也对家庭教育提出了更多新的挑战。从许多家庭教育的实例来看,无论是父母对孩子强制命令、形成了亲子关系的对立,还是老人对孩子迁就、缺乏原则从而形成了孩子对长辈的依赖或发号施令,都犯了同一个毛病,即常常是以孩子为中心,家长被孩子所控制、绑架了。另一个极端则是,家长也企图以自己为中心,希望孩子听话省心,但往往事与愿违。家长面对孩子的种种挑战,或愤怒、或无奈,常缺乏科学有效的方法。那么,如何改变家长这种尴尬的处境呢?

家庭教育其实是一个与孩子心理沟通的过程,是一场旷日持久的"心理战",所以家庭教育是要讲究科学谋略的,并非与孩子为敌,而是要求父母善于思索,有心计、有办法、有新招,而不是想当然,也不致束手无策。为此,父母要研究孩子的个性心理特征,通过经常与孩子平等地对话,准确掌握孩子的心理脉搏，让孩子对您心服口服。

亲子沟通是家庭教育的一条捷径，它通向孩子的内心世界，使孩子能够心悦诚服地接纳自己的父母，能够经常进行亲子之间的对话，这便是家教的最大成功。

家庭中每个成员都有自己不同的角色，表达方式可以不同，但要达到某些共识，目标要比较一致。父母都要注意倾听孩子的心声，才能有的放矢，真正达到有效地引导、教育孩子的目的。同时，家庭教育要引入新的观念和方法，家长要不断更新知识，终生学习，以适应社会发展和时代的迅猛变化。

孩子的成人和成材是每个家庭都期盼的，如果父母们稍加努力，教育得法，孩子是可以成功和成材的。没有无能的孩子，只有无能的教育。

愿每一位父母都成为称职的家长，孩子成功成才，人人成为家教大赢家！

目录

peiyangchenggonghaizi40zhao

1

发现个性 独一无二，您的孩子与众不同

第1招

强项特点，顺应发展，长处优势，随时发现；

人格奠基，从小做起，不必从众，崇尚唯一。

正如哲学家所说，每一片树叶都是不一样的，您的孩子在世界上也是独一无二的。所谓“尺有所短，寸有所长”，说的是每一个人都有自己的优势和劣势，一个人本来就是多侧面的，“人比人，气死人”也是有一定的道理的。因此，在家教中最应避免的就是常常将自家的孩子与别人的孩子攀比。

在2009年全国卷I高考作文中，要求根据下列材料“小动物学游泳”写出作文：

兔子是历届动物运动会的短跑冠军，可是不会游泳。一次兔子被狼追到河边，差点被抓住。动物管理局为了小动物的全面发展，将小兔子送进游泳培训班，同班的还有小狗、小乌龟和小松鼠等。小狗、小乌龟学会了游泳，又多了一种本领，心里很高兴。

小兔子和小松鼠花了好长时间都没学会游泳，很是苦恼。培训班教练野鸭说：“我两条腿都能游，你们四条腿还不能游？成功的90%来自汗水。加油！嘎嘎！”

评论家青蛙大发感慨：“兔子擅长的是奔跑！为什么只是针对弱点训练而不发展特长呢？”思想家仙鹤说：“生存需要的本领不止一种呀！兔子学不了游泳就学打洞，松鼠学不了游泳就学爬树嘛。”

家长不妨也写写这个作文。面对自己的孩子，也正如“小动物学游泳”一样，您如何评价自己的孩子呢？您的孩子是否能够“学会游泳”呢？这是父母们必然面对的具体问题。

这个寓言恰恰说明，动物们各有各的本领和长处，非要让它们做不擅长的事情，纵然再怎么精心培训，也是勉为其难，效果也是不会好的。五个手指不一般齐，孩子也像小动物一样，各有各的潜能与特性。个性独特是人类心理发展的科学规律，任何先进的教育也不可能把孩子们训练成一模一样的所谓“人才”，因为人才也是多元化的、多样性的。

○ 典型个案

下列家教咨询的实例是很有代表性的。

个案一　爱折纸的男孩

小宝是爷爷奶奶的掌上明珠，五年级的他上课还是坐不住，手里小动作不断，老师的警告像耳边风，他根本不当回事。小宝的考试成绩总是70多分，但认为小学生必须90分以上才“及格”的老师们，总是对他侧目而视：没心思学习，看你上中学以后怎么办?

可是小宝有一双灵巧的手，可以用纸折出惟妙惟肖的小动物、小人、房屋、飞机等。而学习成绩上不去，他的爱好也成了最大的“缺点”：贪玩好动。父母为小宝的未来发愁极了。

个案二　舞枪弄刀的女孩

8岁小女孩小伦有着酷似男孩的性格，受到军人家庭的影响，她从小就和男孩们一起玩“打仗”的游戏，她喜欢的玩具也尽是刀枪、军舰、坦克。在学校里，小伦成了“孩子头”，不仅女孩都听她的，连男孩也尊称她为“司令”。这样的小伦就难免有点“小霸王”的脾气，与男孩一起打群架、骂人也是常有的。小伦的父母常被老师“请”到学校，然后，小伦就会被父母打骂、训斥、惩罚，直至让她违心地写“保证书”，但过后又依然如故。

个案三　“蔫淘”的机灵鬼

小建10岁，他学习成绩一直不错，得“双百”的时候也常有，不时给父母一点儿小惊喜。然而，聪明的小建有时做出事来却常让人感到不可理喻，他是个“恶作剧大王”，他过于旺盛的精力都用在“整人”上：往女生的书包里塞毛毛虫；在男生的文具盒里放上蚂蚁和蝗虫；老师的讲台也不放过，往粉笔盒里倒上墨水，往黑板擦上抹胶水；等等。这些恶作剧他都觉得很“好玩”。小建的父母向心理专家咨询的问题是：“这样的孩子可以去住校吗？还是送到国外上学更好？”

○ 个案分析

在上述典型个案中，这些孩子并非一无是处，只是性格、兴趣爱好各异。爱折纸的小宝是一个善于动手的孩子，不能不说是个高级技师或工程师的坯子；喜欢舞刀弄枪的小伦，有领袖型人才的素质，也可能成为军事或政治方面的人才；而蔫淘的小建，有一脑子的“点子”，可以培养成发明创造的创新型人才……

关键在于发现和引导。从以上实例可以看出，造成一些学生处于劣势的主要有以下原因：

①性格问题，属活泼好动型，自控能力差；

②家教有误区，致孩子责任感和适应环境能力较差；

③评价方式有弊病，一叶障目不见森林，否定过多，而不能调动孩子的积极性和潜能；

④对孩子学习成绩“一票否决”，使孩子对学习缺乏兴趣；

⑤对孩子的优势没有真正发现和肯定，而将他们打入另册；

⑥在学校处于劣势的孩子，难以得到具体的帮助而翻身，往往进入自暴自弃的恶性循环。

现代教育观念认为，教育不是为了淘汰人才，而是为了发现和选择不同的人才。

我国著名电视主持人、影视演员王刚，上小学时曾经学习成绩不错，但也淘气得出格，他爬到教室的地板下面玩火，险些引起火灾，学校几乎要开除他。只因聪明无助的王刚给毛主席写了一封信，中央办公厅的回信和寄给王刚的毛主席的照片，改变了学校老师的态度，也改变了王刚的命运，不然，我们恐怕不会看到今天的艺术家王刚的精彩表演了。

但出生在改革开放时代的许多孩子，有的反而没有王刚那么幸运。笔者在家教心理咨询中接触过许多所谓“问题儿童”，既顽皮而又学习成绩不够好，多被划入“坏孩子”行列。

大多数家长和老师对这样的孩子缺乏信心。有的家长因孩子在校表现不好，就希望老师当好“保姆”，孩子不犯大错、保证安全就行，对其学习却不抱任何希望了。而不少老师最怕顽皮、不爱学习的孩子到自己班上，孩子一出问题，就将其“停课反省”，或是竭力想办法让他转学，甚至劝家长安排孩子去国外上学。总之，所谓“问题儿童”，其前景多是不学无术、失足少年、违法犯罪等。但这样的看法公正吗?

有一个问题不能回避，为什么许多国家对所谓“问题儿童”能容忍、能肯定、能教育，而我们这里却困难重重?这就涉及对儿童的评价方式和对其前景的预测问题，这不仅是方式方法的问题，而且是教育观念的根本差异问题。

○ 建议与谋略

在北京有一位初中的班主任，她利用双休日动员自己的先生和儿子陪同班上的几个“问题”男生一起踢足球，还组织了校际足球赛。这些学习不够好的男生，竟然从此发生了巨大变化，他们不但努力学习，还为集体做好事。他们说：“我们懂得老师的一片良苦用心了！”这说明，处于劣势的学生也是可以调教好的，他们最需要的是尊重和激励。

从现代教育的观点来看，人是复杂的多面体，孩子在生理心理发育和个性发展上是有个体差异的，用同一标准来衡量同龄孩子是不科学、不公正的。

人的个性主要是指在先天遗传素质的基础上，通过后天的社会生活实践而逐步形成和发展起来的，在一个人身上经常地、稳定地表现出来的心理特点的总和。个性包括兴趣、能力、气质和性格等，其中性格是个性的核心。

人的个性的所谓健全，应体现四个特点：独立性、独特性、创造性和完整性。

个性中除了气质，即神经类型的特点有父母遗传的先天成分，个性的其他部分却主要是后天形成的。人的性格、兴趣、能力等都有社会的评价标准，会有优劣、强弱、高低之分。

古人说得好："一叶落而知秋""窥一斑而见全豹"。若父母能够顺应孩子的天性和身心发育的特点，保护孩子"原生态"的秀外慧中之美，培养孩子具有健全的个性并非难事。

家长和教师都应尊重学生的个体差异与个性特征。因教育资源和环境的局限，使有些孩子在某方面处于劣势，但不等于他们没有成才的希望，因而不应歧视他们，而应给以真诚的理解和帮助。山自重，不失其威峻；海自重，不失其雄浑；人自重，不失其尊严。

尊严，可使幼稚的少年成长和成熟，从而懂得师长的期望与自己的责任。

近年来，在欧美国家的学校，小学生是自由自在地坐在地板上上课的，也可以说，对于小学生不应该实行严苛的纪律，而应该通过启发好奇心、求知欲来激发孩子的学习兴趣。

如果我们的孩子连淘气都不会了，那才真是教育的悲哀。您觉得孩子循规蹈矩是真实的吗？有的小学生在寒暑假被带到父母的工作单位时，常常会产生种种疑虑："你们大人上班不是很随便吗？为什么你们上班可以随便说话、走动、喝水、吃东西？为什么让我们小孩上课手背后，为什么不让我们说话?” 父母和老师又怎么解释呢?

儿童的顽皮必是环境所造，放弃教育却是成人的罪责，抱有希望才可以有成功的教育。所谓问题儿童比起许多“老实”的孩子来，有他们独特的优势，如智商较高，反应敏捷；活泼好动，态度积极；热情开朗，领袖才能；心灵手巧，兴趣广泛；坦率真诚，童言无忌等。虽然，他们有时说谎，有时与老师、家长对着干，可是您不得不承认那多是被家长、老师逼出来的，可能他们常常是不得不将他们的聪明都用来对付父母和老师了。在所谓淘气儿童面前，不少父母已经败下阵来，感到束手无策，所以父母们应该反思和自省，必须重新考虑对待顽皮孩子的教育策略。下面的建议可能会对父母们有所启发，对待顽皮的孩子，您不妨这样做：

①分析成长经历，发现独特个性。多多发现自己孩子的与众不同之处，可有的放矢地教养；

②创造良好环境，父母同心育儿。针对自家现状，父母共同研究孩子情况，措施要得力；

③潇洒面对新挑战，不争第一要唯一。面对应试教育，要从容看透分数陷阱；

④取长补短善学习，扬长避短可成才。每个人成才之路不同，可以与孩子共同探索；

⑤纯真智慧是本性，自主自强有前程。有主见的孩子可成大器，关键在于创造机遇；

⑥科学家教有原则，高瞻远瞩育真才。育人不可急功近利，家教后效果如何，路遥才能知马力。

家有顽皮孩子的父母，不妨看一看意大利作家万巴的经典著作《捣蛋鬼日记》（中国社会出版社 2003 年 9 月出版）。这是一本畅销全球一百多年的书，让我们看到顽劣儿童的真实的内心世界，这个可爱的孩子，会让所有的成人脸红心跳。

亲子双赢：父母——观察分析读懂孩子个性

孩子——健康个性报答良苦用心

peiyangchenggonghaizi40zhao

2

亲子运动 身手矫健，才可真正赢在人生长线

第2招

饮食起居，规律有节，活泼快乐，谈笑风生；

亦静亦动，亲子同行，身手矫健，不输同龄。

健全的心理寓于健康的身体。身体的强健在于运动的好习惯，这不仅保障孩子能够成为身心俱佳的阳光少年，更可促进他们树立起对自己的自信心和对未来的美好理想。

如今有一句触动家长心灵的提法：“不要让孩子输在起跑线上！”如何才能真正赢在起跑线上？其实，人生的每个阶段时时处处都有新的起跑线，恐怕不能只看孩子童年一时一事上的所谓输赢。强健的身体、聪慧的头脑，是孩子的“健康银行”。如果没有健康的资本，恐怕很难与同龄人竞争，做身心健康、身手矫健的新一代。而只有拥有了健康的资本才可能在终生学习的时代成为真正的人才，坚韧勇敢地奔跑在“人生马拉松”的长线上，不做逃兵，赢得痛快，笑到最后。

我们寄希望于下一代，但绝不会接受孩子“未老先衰”或是患病休学的惨局。因而，我们必须正视孩子正在发育成长的身体，家长必须放弃短视的、急功近利的错误观念，将孩子的身心健康问题放在至高无上的地位。亲子共同参加体育运动，是保证孩子身心健康的新招！

在孩子幼儿和小学阶段，父母最好是要带领和陪同孩子一起进行体育活动，选择适合孩子年龄的运动项目。“亲子运动”不仅可促进亲子关系的融洽，更可让孩子能够从小养成良好的运动习惯，在运动场上自由舒展充满活力的躯体，给大脑充足的氧气和营养。这是孩子作为自然人的正常生理需求，也是培养孩子成人、成才所必要做的长远打算。

您的孩子身体发育如何？孩子会不会经常生病？孩子的身心健康是否比学习成绩更重要呢？为什么亲子共同运动很重要？这是健康育儿观念的具体体现。健康的身体和心理，是孩子成长和适应社会的基本条件。

◎ 典型个案

个案一　乖乖琴童少运动

10 岁的女孩小翎是个乖乖女孩儿，一直是老师夸赞的好学生。当妈妈将小翎带到心理门诊时，这位母亲急切地对心理咨询师说："我女儿一向学习成绩很好，可最近老师反映，她上课时似乎反应越来越迟钝，回答问题经常出错，考试成绩也下降了。近来，她老说头晕、头痛，去医院也查不出什么毛病……她是不是厌学呀?"

小翎与同龄人相比，长得又矮又瘦，小小年纪就戴上了深度近视眼镜；她一开口说话像个小大人儿，似乎已失去了童年的天真烂漫，性格上也显得内向木讷……

经过对小翎的测试，我们发现她动作不太协调，甚至连拍皮球和跳绳等也不能顺利完成。

心理咨询师与小翎及其母亲都有长时间的谈话。其中小翎的话发人深思：

"我不会唱歌，只会弹钢琴，妈妈说弹钢琴让人气质高雅，以后会有好工作。同学们在一起会说网络上的游戏，可是我从没玩过；他们也说歌星和影星，可我都不知道，不知该说什么好。妈妈怕我上体育课受伤，我弹钢琴要保护双手呀，妈妈去医院给我开了证明，可以不参加体育考试……从4岁开始，父母就安排我参加各种培训。父母为我花了那么多钱，我怎么能贪玩，怎么能说累呢？别人贪玩，他们不爱学习，以后会考不上大学的，我可不能学他们呀……"

而小翎的妈妈说："如今社会竞争这么激烈，就业很困难，父母总是想给孩子多上几道'保险'，她不多学点儿本领，怎么与别人竞争呢?"

个案二　中学男生怕运动

一位初三男生在咨询信中写道：

"我小学时学习成绩总是前三名，在小学好像只要学习好就能受到欢迎，有很多好朋友。而在初中，女生喜欢的男生要身材健美、爱运动。但我从小就不喜欢运动，从来不玩足球、篮球。我也不喜欢和邻居、同学玩，总爱站在旁边看他们玩，喜欢一个人独处……

上了初中，我变得越来越胖，我才发现自己根本不会运动。在足球或篮球场上，自己只会呆呆地站着，不知所措……我总是有一种窘迫感，怕被别人笑话。我感觉在初中没有一个好朋友，有几个谈得来的，但我总像是跟屁虫一样在跟着他们，我害怕与别人比较，我很孤独……"

这是一种典型的逃避心理和自卑心理的表现。一个男孩如果没有起码的运动能力，今后是很难有足够的体力和充沛的精力应对学习和工作的。

不久，这位同学回信说："我真希望自己立即变得像刘翔一样飞驰在运动场上！可一想到同学们讥讽的目光，尤其是女生给我起的绰号'大熊猫'！我就再也没有勇气了……我想，将中考分数考得高一些，以弥补体育成绩的不足。等到上高中后，我要'恶补'体育，这样今后能够有一个新面貌，争取不再被同学讥笑……"

○ 个案分析

近年来，有许多前所未有的现象发人深思，例如大学生、中小学生在体育测试中发生猝死的个案每年都有数例，中小学生肥胖、高血压、糖尿病等发病率在上升，儿童白血病、癌症等免疫系统疾病也在逐年上升……而这些问题与生活方式和运动习惯都有密切关联。

现在虽然进入了电脑时代，但任何工作仍需要人有强健的体魄和足够的精力去完成。健康的身体是一个人立足社会的起码的"物质基础"，希望不爱运动的孩子真正地积极行动起来。中小学生应该每天至少运动一个小时，在美国、欧洲一些国家，要求中小学生每天要运动两个小时以上。若不擅长运动，到高中、大学时面对别人的目光，是否会更加被动和自卑呢？又如何面对社会上的择业竞争？要锻炼和提升自己的素质，就从勇敢地走上运动场开始吧！

在一个关于大学毕业生就业的电视节目中，一位企业老总问一名大四的男生："你每天跑步锻炼吗？每顿吃几两饭？"他回答："不跑步，每顿吃二两米饭。"

那位老总说："我年轻时做过产品推销员，每天骑自行车要跑上一百多公里，从头到脚都被汗水湿透了，一顿能吃八两米饭……如果没有这样的磨炼，一个人能够做成什么事业呢？我们的企业恐怕不需要你这种缺乏运动习惯的人！"

据中国新闻网2011年10月25日报道："昨晚，北京地坛小学足球队与俄罗斯伊尔库茨克州少年迪纳摩足球队踢了一场友谊比赛，结果以0:15收获一场惨败。尽管不是国字号男足的'惨败'，但结果仍令人惊讶。这支俄罗斯小学球队曾获2011年西伯利亚联邦区冠军，实力很强。据地坛小学杨校长介绍，俄罗斯的小球员均为'00后'，而地坛小学队员是三、四年级和五、六年级的混编球队，在身高上有优势，但技术方面仍有待提高。比赛中，身材高大的中国学生跑了20分钟就气喘吁吁，踢得没有战术配合，也没有最基本的拼抢动作。"

CCTV体育频道主持人张斌在其微博中说："没说足球，不是输不起，是体能上差距太大了。本次参加比赛的中国学生比俄国学生看着人高马大，但是身体素质相差甚远。（咱们的学生比人家）高至少20公分，就是追不上人家，追上去了，又跑不回来，也撞不动人家。唉！"

张斌说："校长很无奈地讲，得了多少金牌都没用，那不能代表全民的身体素质！现在小学方面体育课基本上以不出事故为宗旨，取消了铅球、双杠、跳箱等科目。观赛的老师学生表情都很沮丧。""校长自嘲地讲，应该把学校的楼房给拆了，换成平房，这样上下楼时就不会摔伤了！孩子摔伤碰伤了，家长真的很生气，投诉后，后果很严重。最后，'唉'了一声！体育课项目器械，早就卖了废品了，现在体育课以不出事为主，真怕家长啊！"

这几场小学生的足球赛，引起网络上的大讨论，许多网民的评论将矛头指向“教育”！

看了以上新闻，家长们作何感想？您会支持孩子踢足球吗？您害怕孩子在体育活动中受伤吗？您怎样看待中国足球运动的困境？其实，中国足球的现状正是教育的一面镜子。足球从娃娃抓起，这是邓小平健在时提出的口号。足球的真正危机，实质上是家庭和学校教育的危机，是青少年身心健康与运动素质的危机。

根据国内外教育和医学专家的大量研究，形成良好运动习惯对孩子健康成才的益处，至少可归纳为以下八个方面：

①增强体质，提高智商；

②锻炼意志，人格健全；

③反应敏捷，应变力强；

④身手矫健，形象健美；

⑤精力充沛，做事高效；

⑥自信诚实，敢于挑战；

⑦生活规律，勤奋自制；

⑧身心俱佳，免疫力强。

○ 建议与谋略

生命在于运动——这一朴素的真理尽人皆知。我国的《学校卫生工作条例》明文规定：“学生每日学习时间（包括自习），小学不超过六小时，中学不超过八小时，大学不超过十小时。中小学生每天至少要有一个小时的体育运动。”这也是学校体育工作的硬性指标。

英国哲学家培根曾说过：“健康的身体是灵魂的客厅，病弱的身体是灵魂的监狱。”

良好的运动习惯可以促进孩子的全面发展，使孩子的健康成长、成才有一个较高的起点。父母们更应注意的是，孩子在进入青春期发育的初级阶段即10～14岁，是“运动敏感期”，有着运动习惯的孩子不仅长得高、身材健美，而且身体素质和心理品质都可得到良好的锻炼和提高。我国诸多奥运冠军的成长历程，也充分证明了这一科学规律。虽然一般孩子的目标不是做运动员，但运动习惯可为他们的终身健康奠定坚实的基础。

父母多多与孩子一起运动，是真正地爱孩子，给他强健的体魄，是孩子健康成长的真正高起点。那么，如何引导孩子养成良好的运动习惯呢？下列建议可供父母们参考：

①培养运动兴趣。通过参与、观摩、了解各种体育项目，形成对运动的兴趣；

②强化健康观念。健康至上，身心健康是成长和发展的前提，寻求运动的榜样；

③引导自觉习惯。一般坚持一个月即可形成自觉的习惯，使运动成为生活的必需；

④选择科学方法。选择适宜孩子的运动项目，场地、运动量和时间也应符合科学；

⑤父母以身作则。尽量引领和陪同孩子运动，对孩子形成运动习惯至关重要；

⑥监测运动效果。根据监测结果及时调整孩子的运动方式，益于运动习惯的坚持和改进。

当孩子学习上出现问题时，首先应给孩子检查身体，再到儿童心理门诊进行一些测试和咨询，以便确定孩子的身体和心理上是否存在问题。

体育运动不仅是用来观赏的，每个普通人尤其是儿童，都可以也应该参与到体育运动当中。让您和您的孩子都成为“体育人口”中的一员，养成运动的好习惯，保障身体及心理素质的整体健康，孩子的健康成才就会有一个真正的高起点！

亲子双赢：父母——全家身心健康生活幸福

孩子——健康至上必然后劲十足

peiyangchenggonghaizi40zhao

3

洗耳恭听　表达内心，鼓励孩子说出所思所想

第3招

童言无忌，聆听仔细，说者无心，听者有意；

真情实意，宣泄有益，习惯交流，通情达理。

挪威著名剧作家易卜生说过：“人的第一天职是什么？答案很简单，不伪饰自己。”家庭环境应该是清澈透明的，不需要任何虚假、文饰、伪装，这样孩子才会有一个心灵的家园。

在东方的传统教育观念中，非常缺乏家庭民主和对孩子尊重的观念，自古以来，只讲“师道尊严，父道尊严”，把孩子看成是自己的附属物，而不是有独立人格和尊严的个体，孩子被看做幼稚无知，一切听命于父母。其实，童言无忌，却常常说出真理！

本来孩子说的都是大实话，但却常被大人嘲笑和训斥。而父母、老师即使在教育过程中出现错误、产生重大失误或伤害了孩子，也从不去追究，甚至也无反思和总结教训，仍旧认为其动机是“为孩子好”，是难免的、可原谅的，而不必检讨，也对其后果不必负责任。

而孩子却没有机会表达自己的内心，或是倾诉心灵的创伤。孩子若是犯错误、有缺点，则十恶不赦，必须反复检查，时时追究。这种不平等的关系，必然造成两代人的疏离与隔阂。

现在有不少父母常批评孩子不够尊重家长，但父母们是否扪心自问，自己是否真正认真倾听过孩子的心声？有些父母常常出言不逊，对孩子讽刺、挖苦、训斥，以为这样才是“监护人姿态”。试想，孩子很少体验到被尊重的感觉，他又如何懂得尊重别人呢？孩子人微言轻，不被尊重，便缺乏自尊和自重，也会缺乏责任心和对父母的孝心，更可能用谎话和假相来敷衍大人，以逃避打骂。

○ 典型个案

在关于家教的多次调查中都说明，我国的大多数家长尤其是独生子女的家长，竟有90%左右都认为自己是家教的“失败者”，对孩子不够满意，同样，在中小学生中也有95%的孩子对家长不满意。在发达国家中，父母在孩子所钦佩的人物中处在第一、二位，而在我国，父母在孩子所佩服的人物中被列在第九、十位。这些调查至少说明，我们的许多父母需要更新知识和完善自己，尤其应重视倾听孩子的心声。

个案一　我是爸妈的“出气筒”

有一对父母，说 11 岁的儿子不听从教导，经常与父母顶撞，而孩子说：“爸爸在客人面前尽说些骂人的话，我给他提出意见，他从来不接受；爸爸下班后就知道看电视、迷球赛，也不看看书报杂志；爸爸在家里发牢骚，说领导不重用他，可他自己为什么不学习业务知识？妈妈下了岗，对工作挑三拣四，一直闲在家里，动不动就骂我，拿我当出气筒！他们这样的行为对吗？他们成天要求我这样、那样，要十全十美，他们自己的毛病都不改，也从不听听我说话，我讨厌爸爸妈妈！”

个案二　我的父母是“监工”

一位学习成绩不够好的初中女生被爸妈“逼着”来找心理医生，而女孩说：“不是我不想好好学习，是我的父母总是干扰我的学习，一放学就唠叨我，我做作业时为了安静点儿，想关上屋门也不允许，父母简直像‘监工’一样，怕我贪玩、偷懒。学习是我自己的事，我何必偷懒呢？我听一听音乐，是为了精神放松，父母也不允许。我接同学的电话，爸爸、妈妈会偷听，对人没有一点尊重！爸妈通宵邀人打麻将、看电视剧，吵得我没法复习功课、没法睡觉，这又是谁的责任？如果家里环境好一些，我的学习很快就会上去！”

个案三　我是爸妈的“小老师”

“别玩了，快做功课！”每天傍晚，家家都会传来父母对孩子的催促声。而在小翔的家里，却是另一番景象：吃过晚饭，小翔俨然一位小老师，他说：“妈妈，我们来英语会话好吗？”半小时后，小翔又对爸爸说：“爸爸，您念念您写的作品，我的作文和数学也要说给您听听！”——这是小翔和父母一起“做功课”的时间，两代人每天要相互来“批改作业”。为什么小翔的父母会这样做？说起来小翔是“有功劳”的。

四年前，小翔上小学三年级，他的淘气顽皮在全校是出了名的。虽然他很聪明，但上课坐不住，学习上粗心马虎，考试常会“考煳”，主要原因就是他心情浮躁，太贪玩。小翔最迷恋动画片，想方设法要一边做功课，一边看电视，不然就自己偷偷画动漫小人。

当父母耐心地询问小翔为什么不认真学习、为什么贪玩时，小翔反而振振有词地说：“老让我学习、做功课，你们大人怎么不做功课？爸爸在家就爱看电视、玩网络游戏，妈妈看小说、看影碟。你们怎么不学习？是不是等我上了班也这样？那我现在学这么多有什么用啊？”

○ 个案分析

我们来重点分析“个案三”。真是童言无忌！可小翔的话引起了父母的重视：对呀，孩子在家里学习时，需要一种学习的氛围，我们只顾自己放松了，可孩子的感受不同，就会认为父母口是心非，只催促孩子学习，你们大人怎么不学习呢？

父母商量了一下，决定在学习上给儿子做出榜样。实际上父母并非不学习，有时在小翔睡觉以后还看书或在电脑上工作到很晚呢，只是没有引起小翔的注意。而父母的休息放松时间却常被孩子夸大和误解了，但是孩子的想法都是很有道理的，父母应该理解。

小翔的母亲是医生，因工作需要一直在参加英语培训，她决定每天与儿子进行简单的英语对话，并把自己英语口语练习的录音放给小翔听。

小翔的父亲做科研工作，他还喜欢业余写作，就经常将自己写的新的科普作品念给儿子听，并听取儿子的点评，条件是儿子也要把自己的作业和作文等念给爸爸听……

虽然父母做的“功课”孩子不一定都听得懂，但小翔却知道父母每天也在“做功课”，并让他给父母当“小老师”。这样坚持了几年，小翔学习竟然变得认真自觉多了，他以优异的成绩小学毕业，上中学后小翔已是班上成绩拔尖的好学生了。

有些父母在教育孩子上面下了不少工夫，看了许多家教书，也会请教专家，但做的最少的就是“倾听孩子说话”。他们常认为孩子天真幼稚，他说的话怎么可以信以为真呢?

但是，不听孩子说话，父母就不知道自己应该怎样与孩子说话和沟通。如今孩子“不听话”，就是因为父母说的话并不符合孩子的所思所想。明智的父母一定会认真地聆听孩子说话，这是做父母的基本功。知道孩子的所思所想，才能把握孩子的成长脉搏，从而实现与孩子的对话，也及时调整自己的行为。

同时，我们也可以说，今天的家教进入了一个“对话的时代”，能够倾听和与孩子顺利对话，才能成为合格的父母。家长应与孩子共同学习、共同成长，因为是孩子帮助您家教成功的。通过双向的心理沟通，以商量和协议的方式帮助孩子制定今后的奋斗目标。只有尊重孩子，被孩子欣然接纳，父母才有资格教育孩子。

○ 建议与谋略

一个孩子来到人世间，他或她，给父母带来了一个崭新的世界，孩子是一本读不完的“书”。如果您能够认真地研究孩子，善于与孩子平等地对话，就能够找到培养孩子成人和成才的科学方法。从这个意义上来说，是孩子在“教”您怎样做父母，孩子也帮助您完善自己的人格，使您的人生变得更美好。

从小翔的转变，家长们可以得到什么启示呢？那就是童言无忌才是真。要尊重孩子，父母就要察言观色，多听“童言”，这样至少有以下四点对家庭教育是有益的。

①耐心倾听孩子说出真实的想法，让孩子讲述自己的故事，不要有任何偏见，不要轻易作什么“道德评价”，而要将之作为父母调整自己言行举止的依据；

②认真思考孩子在生活中的感受，要以孩子为镜，反省家教中的失误

或不足；

③激励孩子对父母的言行进行点评，要启发孩子说实话，而父母应听得进、改得快；

④真诚赞赏孩子成长中的进步，父母要与孩子共同成长，营造家庭中良好的学习氛围。

现代社会的家长应该是有民主作风的，对孩子说的话应多多洗耳恭听。好父母首先要做一个耐心的聆听者，这样就能够以不同于过去的观点来看待自己的孩子，以不同于过去的方法对待孩子，对自己家教中的问题就容易找到正确的解决方式。

我们建议父母们这样做：

①将孩子看做一个独立的人，给孩子选择自己的行为和作决定的机会，父母如有不同意见，应该心平气和地与孩子讨论；

②父母应耐心倾听孩子的心声，做孩子可以亲近和说知心话的朋友，即使孩子有的要求父母一时想不通，也不要急于下结论，自己应该多想想，允许孩子申辩和表白；

③有意识地创造一种能够洗耳恭听孩子说话的氛围，例如共同散步，共同游戏，参与孩子喜爱的活动，给孩子表达内心的机会；

④要允许孩子有新想法、新思维、新做法，家长不能接受的，不一定就是错误的，可以了解社会发展趋势，也可以请教教育、心理专家。

美国前总统罗斯福说过：“生长与变化是一切生命的法则。昨天的答案不适用于今日的问题——正如今天的方法不能解决明天的需求。”

请遵循家庭教育的黄金定律：童言无忌才是真！孩子可以告诉您应该如何教子，父母给孩子说真话的机会，才能真正有的放矢地引导孩子，孩子也才会时时给予父母自己成长的惊喜。

亲子双赢：父母——洞察孩子内心有的放矢

孩子——尽情表达交流通畅开心

4

发掘兴趣 潜能无限，保护兴趣可激发内在智慧

第4招

开发大脑，关键趁早，多疑启智，赞赏思考；

兴趣潜能，相辅相成，神童非神，学无止境。

在我们人类的大脑皮层里，有一个异于其他灵长类动物的特殊之处，就是人类有“新皮质”。简单地说，就是人类的大脑比动物发达，因而人类是万物之灵，因此我们可以说人类的大脑有着巨大的潜能，具有发展的无限可能性。儿童在大脑发育的过程中，则更是开发其潜能的关键时期。在21世纪，谁能开发儿童的潜能，谁就是未来人才的最大赢家！

2002年，从遥远的瑞典皇家科学院传来消息，诺贝尔物理学奖授予美国科学家雷蒙德·戴维斯、日本科学家小柴昌俊和美国科学家里卡尔多·贾科尼，称他们“在天体物理学领域做出的先驱性贡献”打开了人类观测宇宙的两个新“窗口”。

让大家感到不可思议的倒不是奖项的本身，而是我们的近邻那个名叫小柴昌俊的日本人。此人曾在大学物理考试中考过倒数第一，而偏偏这个倒数第一，让他在日后的研究中登上了天体物理学的真正的第一。物理学的先驱性贡献和物理考试的倒数第一，在我们国人眼里看来是那样的不协调。因为在我们这里，什么事情都喜欢从小培养，其实孩子从小就只生活在考试的氛围里，只有考试结果的好坏，成绩是否拔尖才是成功与否的预兆。也只有考试，考的英语分数超过美国人才是成功的楷模吗？如果你有什么功课挂红灯的话，你自己有能耐不着急，那家长、老师、朋友、社会要替你担心了，进入大学读书也自然没有你的份了。

考试都不及格，将来岂能成大器！小柴昌俊在得奖后说：“我是以倒数第一的成绩毕业的，但东京大学却接受我当了讲师、教授，我非常感谢东大的知遇之恩。”

○ 典型个案

儿童的潜能是与生俱来的，但它既不是一般的学校教育可以发掘的，也不是仅靠所谓技能培训就可激发的，它需要与孩子自身的兴趣相结合，形成一个培养才能的良好“生态环境”。

发现、保护和培养孩子的兴趣是开发潜能的前提，下面的实例即可说明兴趣的作用。

个案一　玩具小飞机的启蒙

爷爷给5岁的小芦买了个巴掌大的玩具小飞机，他如获至宝，从此就开始对飞机特别感兴趣。身为普通工人的父母，在小芦8岁时曾带他参观过飞机制造厂，后又给他借阅航空和飞碟探索等杂志。小芦用木板和铁丝等自己动手做“飞机模型”，那些模型虽然并不像真正的飞机，甚至就像个“木头蜻蜓”，可父母总是称赞他，从来不阻止他，并尽量帮他准备各种工具和材料。小芦最喜欢和从事飞机维修的舅舅聊飞机了，他缠着舅舅问长问短，舅舅总是有问必答……

当其他男孩迷恋网络游戏时，小芦开始从网络上查阅各国航空航天事业发展的资料，他也熟悉各个国家不同类型的民用、军用飞机，直至对航天飞机和宇宙空间站的各种知识，他也总是兴趣盎然。因为兴趣，小芦高中时曾参加过国际青少年航空航天夏令营，那是通过严格考试经全国选拔后才有资格参加的……

如今，从某大学航天专业已毕业六年的小芦，成为我国最年轻的航天工程师。他也是参与“神州六号”“天宫一号”等发射的高端技术人员之一。

个案二　迷恋电脑的小伙伴

小雄和小朵是一对小伙伴。两个孩子9岁那年，暑假里在家玩网络游戏，一不小心将电脑染上了病毒，电脑死机，并且将父母许多有用的资料文件丢失了。两个孩子很害怕，还被狠狠训斥了一顿，但家长们也不得不面对孩子一连串的疑问：电脑的病毒从哪里来的？怎样避免被病毒攻击？除了玩游戏，网络还能做什么？……

幸亏父母们注意到孩子的好奇心，就请了一位对电脑在行的同事来解答孩子的问题。从此，两个孩子就三天两头去找这位“电脑叔叔”问这问那。他俩不仅学会了制作自己的网站和用网络学习，而且在上初二时组装出了第一台电脑，成了同龄人中的电脑小专家。如今十几年过去了，小雄和小朵大学毕业后，一起创业经营一家软件公司，从小形成的对互联网的好奇心和强烈的创造欲望，促使他们想做“东方的比尔·盖茨”。

○ 个案分析

什么是兴趣？心理学家是这样给“兴趣”下定义的：兴趣是积极探究某种事物或从事某种活动的意识倾向。爱好，是人对感兴趣的活动的积极体验。兴趣是引起和维持注意的一个重要的内部因素，对有兴趣的事物，人们总会主动愉快地去探究它，使认识活动不再是一种负担，而是伴随着积极和快乐。因此，它是推动人们去寻求知识和从事活动的一种强大的精神力量。

对于儿童来说，兴趣是“水”，尽管它可能还是涓涓细流，但终归要汇成江河湖海；才能是“舟”，这是儿童在成长过程中亲手打造的、通向未来的希望之舟。水涨船高是真理，无水船漏最无望。发现和保护孩子的兴趣，应该像保护我们的“黄金航道”一样的小心谨慎。

而我们在上面提到的小芦的表哥，小时候曾是汽车模型爱好者，但初一的一次数学考试不及格，他收藏的上百个汽车模型就被父母一把火给烧了……从此他放弃了这个兴趣，也没有考上大学，如今只是个商场的普通营业员。儿童的兴趣之水，若遭受无情的沙尘暴和酷热大旱，是最容易干涸的；儿童的才能之舟，如果不被特别地呵护与维修，是难以陪伴孩子终生的。

孩子的兴趣，常被误认为是“贪玩”，对课外的兴趣爱好花费了很多时间，成人便认为会影响学习。尤其是学习成绩不够好的孩子，往往被剥夺了发展自己兴趣的合法权益，这样说不定一个天才就被扼杀在了摇篮里！其实，中小学生若在某方面有浓厚的兴趣，甚至达到痴迷的程度，正是一个非常可贵的信号！我们必须看到，兴趣是孩子童年最好的朋友，在儿童的兴趣中有极高的“含金量”，兴趣的背后是理想，只要因势利导，便可水到渠成了。

○ 建议与谋略

兴趣就是好奇心和求知欲的别名。俗话说，听风就是雨，好奇心是“风”，它会带来冷暖气流的碰撞，形成台风和各类气候的变化；求知欲是“雨”，它能滋润心田和土地，从而风调雨顺丰收景，风生水起好扬帆。

人类具有好奇的本能，引导孩子多多观察周围事物，是从小培养孩子好奇心的重要方法。这个方法可称为“3W”原则，即是什么（What）？怎么样（How）？为什么（Why）？培养孩子的好奇心、求知欲，可以让他们爱读书、爱思考、爱想象、爱创造，从小就形成良好的学习习惯。

有心理学家总结出《观察十法》，可用来发掘和培养孩子的兴趣，激发他们的好奇心。

①迷，迷恋。著名作家和科学家，都会入迷地观察感兴趣的人物和事物的种种细节；

②苦，吃苦耐劳、艰苦卓绝的精神。明代的地理学家徐霞客，风餐露宿，经历了被盗、绝粮、重病、坠潭等种种厄运；

③全，观察事物要全面；

④微，观察必须细致入微；

⑤时，把握观察事物发展变化的周期性和恰当时机；

⑥比，即对比观察；

⑦思，观察和思维密不可分；

⑧巧，利用仪器和科学设备观察可增强观察的效果，又可练出巧手和动手操作的能力；

⑨记，记录观察的情况，写下自己创造活动的过程；

⑩恒，观察要有恒心，应持之以恒。

兴趣爱好的作用是不可估量的，这是点石成金的“魔棒”！

发掘孩子的兴趣，激发其潜在的智慧，父母们应注意以下两点：

①应该多问“为什么”“是什么道理”，不要提“对不对”“是不是”等只要求学生判断是非、正误的问题，聪明的孩子一般不屑回答此类问题；

②多提发散性问题，如“你有不同看法吗?”“你认为还有其他答案吗?”促使孩子想出尽可能多、尽可能新、尽可能有独创性的想法，而不是唯一的正确答案。

在如今的信息时代，无所不能的网络和电脑让孩子有了诸多的好奇心。过去的孩子因好奇而拆卸小闹钟、小电动玩具，而今天的孩子可以摆弄各种家用电器、遥控玩具，尤其是电脑和网络的使用，使许多孩子有了探索世界的新工具。

在日常生活和学习中，时时都可以激发孩子的好奇心：与孩子讨论或辩论他们感兴趣的问题；带孩子出去玩，在活动中与孩子相互提问；与孩子共同读书，交流读后感；讲科学家和名人的故事，给孩子树立榜样；讲21世纪的世界发展趋势和高科技的发展，可激发孩子的学习欲望，从而发掘孩子的潜在智慧。

亲子双赢：父母——激发潜质望子成龙可成真

孩子——爱学会学超越自我易成才

peiyangchenggonghaizi40zhao

5

启发悟性 自觉自省，相信孩子的内在动力

第5招

内在动力，激发自律，说做一致，脚踏实地；

自省自信，是非分明，自强自尊，自有标准。

每个孩子在成长过程中都可能遇到各种问题，作为父母或老师，常常认为孩子自身不努力，而可能不完全了解他们学习受到影响的症结何在。许多事实证明，如果能够对孩子成长中存在的问题对症下药，就一定能够启发孩子内化内省，激发他们的内在动力，使问题迎刃而解。

种瓜得瓜，种豆得豆——这是最简单、最朴素的真理，关于儿童学习潜能的开发也是同样的道理。孩子儿时的某些思维就像一粒粒种子播入其心田，遇到适当的环境就会发芽、长叶、开花、结果。一粒强壮的种子总是会发芽的，关键要有肥沃的土壤、充足的水分、灿烂的阳光等等，这就是自我教育的基础。要相信孩子自身有足够的能力去不断成长，并且完善自己。

思维是对客观事物间接的、概括的反映，它所反映的是客观事物共同的、本质的特征和内在联系。而所谓创造，正是创造性思维的产物，新颖的、前所未有的、有创见的思维成果，会带来新的、具有社会价值的产物，它是智力水平高度发展的表现。

○ 典型个案

有一位中学教师向笔者求助，他在电子邮件中写道：

“我是一名普通的中学教师，任初二课程。近来我班有一名留守同学章岩对待学习劲头不足，我苦口婆心地教导却没有成效。他很聪明，学得快，但就是不背书，学习提不起劲，讲道理也都懂，不犯犟。我该如何下手去帮助他？……”

笔者给这位教师的答复如下：

“老师，您对学生高度负责的精神，我非常钦佩。您说的‘留守同学’是不是指父母外出打工、经商或出国，不能生活在孩子身边的这些同学？根据我对留守学生的接触，这样的学生因为较缺乏父母的爱，他们可能情绪上比较的压抑，另外生活上也可能有某些具体的困难等，这都会影响他们的学习热情。您和章岩同学的相处中，建议您注意以下几点：

“第一，认真了解他现在的生活环境和心态。如现在和谁生活在一起？他喜欢替代他父母的监护人吗？生活中有什么具体困难？心理上有什么压力？父母怎样与他联系？他父母在外面工作和生活的情况如何？……当然，他现在的情况也应该为他保密。如果能够与他建立相互信任的关系，他就会将老师当做父母，会很愿意跟您说说心里话。

“第二，与他谈理想和奋斗目标。他作为一名留守学生，因为父母关照较少，比起别的同学，当然在情感上会有一些缺憾。一方面，老师可通过电话、电子邮件等方式与他的父母建立联系，促使父母多多关心他，帮助孩子理解父母，知道学习父母的长处，懂得父母抚育他的不容易；另一方面，也要提醒他父母不在身边，其实对于锻炼自己的生活自理能力和独立性是非常有好处的，应肯定他的长处，并鼓励他树立自己的理想和奋斗目标。

“第三，听听他对各位任课老师的评价。通过了解他对各门课程的感受和评价，可以知道他的学习态度和学习兴趣。一般来说，比较聪明的男生是不喜欢背书的，可能他反感死记硬背的学习方式。如果能够倾听他对老师的看法、对课程的意见，就可以对他因势利导。通过您自己的亲身体验告诉他，有些基础知识如果能够背诵出来，就会终身受益。因为中学生是记忆力最好的时期，对聪明的孩子来说，背诵一些东西并不困难。

“第四，与他讨论省时快捷的学习方法。在心理学研究中有一条‘艾宾浩斯遗忘曲线’，学习后的遗忘是‘先快后慢’。及时复习和背诵刚刚学过的内容，可以防止遗忘，而且比以后复习节省时间。中小学生在记忆中还有一种‘遗觉像’的现象，是指你注意力集中地读书，在背诵时就像书在面前一样，甚至可以记得哪个词句和内容在书上的什么位置……另外，还可以建议章岩同学，在背诵和做作业时，可使用录音机或是摄像机，将学习的内容大声念出来，录音或录像后，可反复播送，这样既可以增加学习的兴趣，又可以使背诵变得容易。”

○ 个案分析

爱动脑筋想问题的孩子，就会在有意无意间时时获得形形色色的“思维之种”，同时各种各样的“创造之芽”就会蓬勃地萌发。对于处在“环境劣势”的孩子，例如留守儿童、单亲家庭或有其他各种困难家庭的孩子，同样要看到他们的学习潜能与尽情发挥的余地。

有不少中小学生，目前看来学习成绩不够好，或看上去不是很勤奋好学……那多半与某些情感因素和学习兴趣有关。对此一方面要了解他的家庭情况，另一方面又要通过接触孩子本人，深入分析他的个性心理特征，从而引导他自觉地培养起学习兴趣，发挥出潜能。

在18、19世纪出现许多在多学科领域富有创造性成就的科学家，那么，在当代又要如何培养出像高斯、法拉第等这样的创造型天才呢？这些科学家的成长过程可给现代人以宝贵的启示。

德国著名数学家、物理学家和天文学家高斯（1777—1855），从小就是一个聪颖过人的孩子。高斯3岁时就发现了父亲算账时的错误，从而得到父亲的肯定和赞赏。

上小学时，老师出了一道算术题：从一加到一百。当别的同学还在冥思苦想时，小高斯却举起手说：“老师，我算出来了！”高斯说：“我想这道题一定有个简便的演算方法，我找到了一个：1+100=101；2+99=101……这样头尾相加共有50个101。因此，我是这样计算的：(1+100)×50=5050。”后来，高斯对超几何级数、复变函数论、统招数学、椭圆函数论、曲面论等都有很大的成就和贡献。

英国著名物理学家和化学家法拉第（1791—1867），从小家境贫寒，哥哥用自己艰难打工挣的钱，给了小法拉第一个先令，使他第一次见到了科学家。他连续18个月得到哥哥的支援，一丝不苟地听科学讲座，甚至把科学家讲的每一句话都记录下来。而这些经历就是宝贵的科学种子，促使法拉第迷恋于科学创造。1831年，法拉第发现了电磁感应现象，确定了电磁感应的规律，后来他又有诸多的发明创造……

这些科学家成长的过程说明，孩子的许多知识不一定都是教师和家长手把手教出来的，其实每个人都有自觉学习和自我教育的能力，家长应设法去发现和发掘这种能力。

○ 建议与谋略

对于在学习上有各种问题和困难的孩子，更需要通过体验式学习来培养他们的学习兴趣，使他们形成良好的学习动机。在推崇"体验式学习"的今天，从小培养儿童的观察力至关重要。而记忆力是对感知信息的加工和储存，将观察学习的东西分门别类、去伪存真，并保存在自己的头脑中，在需要时就能够手到擒来。

第一，观察和记忆是学习的基础。

观察是闪电，正像自然界的闪电是带电云层相互碰撞的结果，有心人可发现事物进程中的亮点，而激发出强烈的求知欲和学习的兴趣。记忆是雷，雷声总是追逐着闪电，将自己感兴趣的新知贮存起来，如同收藏家获得珍宝，心头的喜悦像春雷阵阵。当观察和记忆融合时，就是雷电交加得到的效果，即形成头脑风暴，是一种激发个人智慧投入学习的催化剂。

幸福成功的人士都有一个共同点——感知力超常。例如，英国博物学家、进化论奠基人达尔文有一个著名的故事。1828年的一天，在伦敦郊外的一片树林里，大学生达尔文发现了两只奇特的甲虫，他马上左右开弓将甲虫抓在了自己手里，兴奋地观看起来。这时树皮里又跳出一只甲虫，他措手不及，迅即把手里的甲虫藏到嘴里，伸手又把第三只甲虫抓到了。嘴里的那只甲虫憋得受不了啦，便放出一股辛辣的毒汁，把他的舌头蜇得又麻又痛，他这才把它吐到手里。后来，人们为了纪念他首先发现的这种甲虫，就把它命名为“达尔文”。1831 年，达尔文从剑桥大学毕业。他放弃了待遇丰厚的牧师职业，以“博物学家”的身份，自费搭船，开始了漫长而艰苦的环球考察活动。从对小小甲虫的观察开始，达尔文自此走上了对进化论的研究之路。1859 年 11 月，达尔文经过二十多年研究写成的科学巨著《物种起源》终于出版了。

第二，坚持不懈地训练学习能力。

数十年前，我国中小学生常在课余时间养蚕、种向日葵，自制昆虫、植物标本，并下乡下厂参加劳动等，这正是锻炼观察能力和积累知识经验的过程。而今在电脑、电视机前长大的孩子们，几乎丧失了观察自然和社会的机会，于是对书本知识就只有死记硬背了，这必然影响儿童的学习热情。观察力和记忆力的训练是学习过程的必需，也是儿童潜在学习能力的关键环节，可以达到以小见大、举一反三的目标。具体建议如下：

①以孩子为主体，简单易行；

②认真记录过程，坚持不懈；

③ 孩子亲力亲为，一丝不苟；

④家长担任参谋，支持激励；

⑤淡化失败成功，注重过程；

⑥肯定活动价值，提倡创新。

家长平时可与孩子共同做“头脑风暴”的游戏，在外出旅游、探亲或参加社会实践活动时，可引导孩子做有目标的观察和记录，也可帮助孩子做“小科研”项目等。

第三，开发右脑，丰富生活，树立理想。

现代社会已经进入“右脑时代”。具有创造性能力的思考方式一般被称为右脑、非语言表达的思考方式（感性直观思维），也就是通过图形影像进行思考的意思。与之相反，总是需要语言介入表达的思考方式则是左脑的表达方式，被称为左脑语言表达式思考方式（抽象概括思维）。人类的左脑负责处理工作、读书信息，右脑则负责处理嗜好、艺术、运动等信息。

低年级的孩子形象思维发达，但当前的应试教育却常常强迫孩子死记硬背，即必须更多地使用左脑。而中高年级的孩子受长期应试教育的影响，其思维方式多数也都是偏左脑型思维方式，他们的形象思维即右脑的活动被压抑。这样如何培养左右脑均衡发展的创造型通才呢？为开发孩子右脑的潜能，有必要培养孩子多方面的兴趣，尤其是他们对于艺术、体育的爱好，要锻炼他们通过图像进行创造性思维的能力。

对于孩子的任何事情，成人都不要包办代替，父母们与其给孩子诸多空洞的“说教”，不如让孩子自己动脑动手去解决面临的种种难题。归根结底，父母应该启发孩子的悟性，孩子自身的自省自悟才是促进他们自觉学习的“发动机”。这不仅有益于孩子产生强大的学习动力，使其创造性思维有充分的、自由发挥的空间，还可促进孩子的左右脑均衡发展，让他们成为通才型、创造型人才。

亲子双赢：父母——家教建立自信舍我其谁

孩子——自我教育自省自强不息

peiyongchenggonghaizi46zhao

6

鼓励梦想 后生可畏，不可小看孩子的幻想

第6招

追酷求奇，并非不羁，超凡妙想，不可小觑；

信息时代，奇迹遍地，支持创新，成才在即。

在成人看来不可思议的事情，可能就是孩子理想和创造性的闪光，因此，父母应该理解和支持孩子做那些不可思议的事情。如果您能够和孩子一起来想象、设计、尝试、试验各种不可思议的事情和活动，您的孩子将来就可能会成为创新型人才。

敢想就是成功的一半——也许人们对这句话很熟悉。可是，如今的父母和老师却最怕孩子“想入非非、标新立异”，因为那就是不专心学习、注意力不集中和叛逆的标志……

如今，孩子们的想象空间被剥夺了，所以才容易出现厌学、惧考、逃学等现象，但怎么能够说，这就是孩子不爱学习的表现呢?

○ 典型个案

小学五年级男生小黎，曾对我说起他经常会做的一个梦：他跑上了一个很宽阔的闪闪发光的大桥，头顶上是硕大的太阳、月亮和五光十色的星球，那些天体似乎都是触手可及的。忽然，他发现自己穿着银色的宇航员服装，他轻轻地一抬腿，就飞到了一个浅红色的星球上……他说：“我想，在太空中失重的感觉就是那样的！二十年后，我要做个宇航员，像杨利伟叔叔那样遨游太空！可是，我从来不敢对父母说起这个梦，他们一定会说：‘别痴心妄想了，快做作业吧！你的算术和英语都才80多分，还想那好事?’我的梦总是彩色的，可睁开眼睛，一天到晚总是对着白纸黑字，没完没了地做功课，如今我的眼睛都近视了，我的梦想还能实现吗?”

还有四年级女生小迪说：“我最自由、最快乐的时间，就是上床睡觉的时候，我可以想象我喜欢的童话故事，想象我看过的动画片的情节，我也在头脑中编织自己设计的动画片，甚至偷偷爬起来画出自己喜欢的动漫人物……可是每天早上一起床，时间就都不是我的了，做不完的作业、背不完的功课，还有上不完的培训班，哪里有时间做我自己喜欢的事情!”而这个刚10岁的小女孩，因为很喜欢“幻想”，已经开始出现失眠的症状。

而小黎和小迪的父母却说，我们真不知道孩子怎么会喜欢这样的梦想，会那样幻想?

○ 个案分析

由于沉重的学习压力和某些不适当的期望，我们的大多数孩子已经丧失了充分想象的自由和幻想的时间，这就是对儿童潜能的扼杀！所谓“快乐学习”，就必然要时时伴随着孩子的美丽想象和创新思维，应该使孩子的学习生活中永远有一道七色的彩虹照耀着，并且要让他们看到美好未来的蓝图，这是一种“奔头”啊！如果孩子既没有自己的想象空间，也难于明确学习与未来的关系，他怎么会有动力坚持学习呢?

再造想象是根据语言描述或图样示意，在脑中再造出相应新形象的过程，这是书本知识的消化过程。创造想象是不依据现成描述而独立地创造出新形象的过程，如今中小学生最欠缺的就是这方面。世界上的各种动物只能靠本能、为生存而活着，而想象则是人类所独有的。

想象就像绘画的材料和色彩，创新则是想象的产品和成果。创造过程中新形象的产生带有突然性，常常被称做灵感，是一种顿悟。著名画家列宾说过：“灵感是对艰苦劳动的奖赏。”

其实，儿童是处在最富于想象的年龄，他们需要一个广阔的平台，他们更需要挥洒想象的大笔来绘制创新蓝图的机会。不要替孩子决定与他们自身有关的事情，让他们学会自己选择，并勇敢地表达自己的创新。在许多国家，已经实施了中小学生自己自由选择课程的教学方式，根据课程的内容设置专门的学科教室，让孩子与自己感兴趣的知识、技能亲密接触，这样孩子就可以运用自己喜欢的色彩，绘制出五光十色的作品了。而今，我国的学校教育还难以满足孩子“选课”的自由，父母们应该在孩子的课余时间，给予孩子更多想象和创新的时间与空间。每个孩子都有天才艺术家和发明家的潜质，不如给他表现的机会吧！

○ 建议与谋略

孩子的聪明在手指尖上——这是父母们比较熟悉的一句话，但是，不要以为只有会弹钢琴或摆弄各种乐器才是高智商的表现。日常生活中，需要孩子学会动手的事情很多很多。

从生活自理到各种家务劳动，从美化生活的小制作到家常用品、电器的维护修理，从学校里的卫生值日到社区的义务劳动，从课堂的科学实验到标新立异的小发明，从学习各类有兴趣的技能特长到参与文艺体育比赛或表演……

所谓“动手”，是需要手脑并用、文武双全的，脑指挥手，手促进脑——甚至可以说，一个孩子的成长和成才，几乎要经历整个“人类进化史”，也一点都不过分。心灵手巧是儿童发掘潜质的前提，从这个意义上来说，动手是银，发明是金。一个人要在社会上立足，妄图只“劳心”不“劳力”是绝对行不通的，而仅仅从书本中“讨生活”也同样是没有出路的。无论是为理论联系实际，还是为事业的成功成才，动手的能力都非常重要。

从心理上来分析，只有经历了多方面的感知，尤其是触觉和动觉的亲身体验，才能够得到比较真实、全面的知识。现代教育提倡“体验式学习”是非常有道理的，因为只靠“纸上谈兵”是不可能有任何的创新的。

儿童真正的成长就在于：想到的事情能够做到，新奇的设想和发明能够制作成真正的产品。因此，父母不能只关注孩子的学习成绩，还必须注重培养孩子的动手能力。

爱迪生是世界上最著名的“发明大王”，而他首先就是一个心灵手巧的人。例如为了找到适合做电灯丝的材料，爱迪生竟然试验了千余种材料，才使电灯照明造福于后人。他的一千多种发明专利，也无一例外地都是经历这样曲折艰辛的亲自动手劳作的过程才获得成功的。

如今已经进入高科技时代，但所谓高科技，并不是只要人们坐享其成，而是要求人们有更准确精细的动手能力才能进行创造性的工作。例如各行各业广泛应用的计算机，就要求使用者有正确、规范的操作能力，计算机软件的开发和应用，也需要人们高超灵活的驾驭能力，而“手笨”和“脑笨”的人是无法完成的。又如在航天飞行中，宇航员不仅要适应在失重状态下的太空生活，还必须承担大量科学实验和维修航天器的任务，因而宇航员要经过系统的学习和培训，他们都必须有灵巧的双手和聪慧敏捷的头脑。

虽然今天的儿童将来直接做高科技研究和发明的人数是有限的，但随着时代的发展，各行各业都需要能力全面发展和掌握高科技手段的人才，尤其是创新思维活跃、动手能力强的人才，可以说是最受欢迎的。那么，如何培养孩子的动手操作能力和他们发明创造的欲望呢?

要引导孩子敢于想象和做不可思议的事情，下面“八要八不”是不可忽视的。

①要勤奋，不懒惰。爱学习，爱读书，爱动脑，会动手，绝不能懒散和怠惰；

②要自理，不依赖。生活自理、独立，会做家务，父母不包办代替；

③要自学，不被动。课堂内外的学习都需要孩子学会自觉自主，被动强迫的学习很难成功；

④要尝试，不退缩。遇到困难、问题自己尝试解决，有勇气面对挑战，不软弱退缩；

⑤要琢磨，不敷衍。对有意义和有价值的问题要善于思考和提问，应避免不求甚解；

⑥要创新，不保守。时时有新的想法和做法，不拘泥于保守惯用的方法；

⑦要手巧，不笨拙。通过实践可使双手灵巧，手笨意味着脑笨；

⑧要个性，不从众。独特的个性会产生自主的想法和做法，随大流容易成庸才。

父母们应该有意识地引导孩子经常锻炼动手的能力，以弥补课堂教育的不足。在日本，设立了一些对儿童进行职业教育的场所，小孩子在那里可以亲身体验70多种职业的工作过程。同时，这也必然成为培养孩子动手能力的最佳平台，这是很值得借鉴的做法。

如今，我国有些省市也借鉴了日本的做法，建立对孩子开放的各类体验场所。同时，家长们应该形成一种新的教育理念：孩子不是学习机器，孩子是有思想的独立的人；应该让孩子体验生活的方方面面，培养孩子既会动脑又会动手，才能让他们成为社会需要的人才。

亲子双赢：父母——接纳前卫创新不落伍

孩子——梦幻伴随青春不寂寞

peiyangchenggonghaizi40zhao

7

以逸待劳 善于等待，孩子的成长有一个漫长过程

第7招

天真幼稚，常做错事，成长成熟，历练添智；

为人父母，期望有度，循循善诱，切忌粗鲁。

孩子的成长有他自己的过程和规律，作为父母不可急于求成。当孩子还在成长的过程中，也许他经常闯祸，也许他的表现不尽如人意……父母不要过分和他“较劲”，也就是说“不要干扰”他的成长过程，不要拔苗助长，让他尽情“表演”好了。最好是以逸待劳，认真观察和研究孩子的个性，抓住适当的时机，再给他合适的指引与疏导。

有的孩子被扣上了“坏孩子”的帽子，从此便永远贴上了这个“标签”，那么他还能够改变吗？这是许多父母非常关心的问题。如今多数家庭只有一个孩子，谁愿意自己的孩子被称为“坏孩子”呢？其实，所谓“坏孩子”并不一定是不可救药的，孩子出现的问题多半与家庭的教育方式和家庭环境有关。如果家长能够抓住某些机遇对孩子进行科学的心理行为训练，由于大多数孩子的可塑性很强，他们都是可以改变的。下面这例个案就是独生子女中的一个典型。

○ 典型个案

是不是“淘淘”这个小名起坏了？淘淘的多动、调皮、恶作剧简直令人无法容忍。他6岁上学时，父母就开始发愁了，因为他不遵守课堂纪律，经常影响课堂秩序。虽然学习成绩并不差，可是三天两头被老师罚站和请家长，这可怎么办呢？他生活自理能力也很差，每天早晨起床要妈妈催促很久；因为怕上学迟到，奶奶给他穿衣服、帮他刷牙，他却闭着眼睛，嘴里哼着动画片的插曲；爸爸送他上学，又忙着上班，他却磨磨蹭蹭、慢慢腾腾地吃早点；放学时，爷爷去接他，却经常接不到，他在与爷爷捉迷藏，常常自己跑回家，让老人家又气又急……

这个顽皮的淘淘，直到上三年级也没有什么大的变化，真的让人很无奈。

父母带淘淘来进行心理咨询，父母历数淘淘的种种“坏”表现，禁不住唉声叹气。而淘淘却振振有词地为自己辩解：“我就想做个坏孩子，坏孩子特别自由、随便。我也努力过，可是我怎么做都有错，反正老师和家长都说我是坏孩子，我不可能再当好孩子了！”

心理医生问：“那么，你说说，你真的愿意做坏孩子吗？你没有优点吗？”

淘淘忽然大声说：“我不是坏孩子！我有很多优点：爱劳动，不娇气；爱动脑筋，双手灵巧；身体强壮，爱好体育；对科技小发明和科幻特别有兴趣……可是，老师和家长从来不表扬我！在家里，爷爷奶奶替我做的事太多了，其实我自己什么都会做。最近，我经常帮邻居张爷爷家买牛奶、买报纸，家里都不知道。父母、老师都说我是坏孩子，同学们也看不起我，没人愿意跟我玩……”

最后淘淘说：“其实，我像猴子，也像狐狸。我希望自己像猴子那么聪明、灵活，让人喜欢，我也想学学狐狸的狡猾和多变，是不是狡猾和聪明的人才能做成大事啊？我认为，我不是坏孩子，就是喜欢聪明和狡猾……”

○ 个案分析

所谓“坏孩子”也称为“差生”，实际上本质并不坏，往往是他们多余的精力没有正当的地方使用，周围人也不给他们自我表现的机会。与其说这样的孩子顽皮、不听话，不如说他是想通过淘气和强烈的自我表现来赢得别人的注意，以寻求获得一种公正的评价。

小学生因心理幼稚，还缺乏自律、自强的理性认识，他们自控能力尚未形成，管不住自己是其天性的自然流露。根据专家的建议，应该对淘淘这样的孩子树立以下的教育理念：

①转变偏见、成见，改变评价方式。不作“有罪”的推断，看到孩子的长处、优势，以真诚和爱心相待。父母和孩子一起写日记，有进步就表扬；互相提出缺点及错误，有问题就讨论解决的办法。

②调解亲子关系，建立健康的模式。不与孩子敌对，要认真对话和沟

通，获得孩子的信任和尊重。父母和孩子一起聊天，还可陪他和好朋友一起踢球和郊游等，这样孩子会说父母“够朋友”。

③满足合理的需要，爱护可贵的天性。不要虚假地驯服，呵护孩子的独特个性，善于发现孩子的闪光点。在与淘淘商量后，他同意参加少年宫的科技发明兴趣小组，以满足他喜好动手的特点。

④启发求知的欲望，耐心地因势利导。不是孺子不可教，疏导方式有诀窍，寻求对路好渠道。父母应给淘淘购买有关科学奥秘的杂志，与他谈理想、说志向，促使他自觉遵守纪律。

⑤保护孩子的自尊自信，发挥教育机智。不可留恋老一套，智慧来自新理念，没有教不好的顽童，家长可带领淘淘去老师处拜访，赔礼道歉，并讨论如何增强淘淘的自我控制能力。

⑥激发孩子的潜能才智，探索有效的方法。永不言弃，透过表面看实质，开辟教子新天地。帮助淘淘学会上网，并建立起他的个人网页。通过网络，加强他与同学、老师和外界的交流，促进淘淘树立自己的小男子汉形象。

○ 建议与谋略

事实说明，如果教育训练得法，再淘气的孩子也是可以改变的，关键是要给孩子一个充分表现的机会，一个锻炼和形成良好习惯的契机。淘淘就经历了一个强化训练的过程。

不久，淘淘的奶奶生病住院，妈妈又要出国工作一段时间。爸爸想起与心理专家一起制订的训练计划到了应该执行的时候了，于是爸爸就动脑筋了：这可是训练淘淘的好机会！

爸爸先和淘淘郑重其事地谈了一次话，让他知道家里面临的“艰难时刻”。然后，爸爸就采取了对淘淘的“强化训练”——早晨起床、吃饭动作要快，爷儿俩掐着秒表比赛；淘淘放学自己回家，要记录到家的时间；

淘淘做完功课后有任务，要去买牛奶、买报纸，还要陪同爷爷去看望住院的奶奶和送饭；每天晚上，妈妈打来电话时，淘淘要汇报自己一天的表现……

不知不觉三个多月过去了，当奶奶病愈后，淘淘竟然不用别人照顾了，他还会自觉地帮爷爷奶奶做家务，并给老人泡茶、捶背等。半年多后，当妈妈回国后发现，淘淘真像是变了一个人，他真是长大了、懂事多了。

淘淘还积极参加少年宫科技发明小组的活动。他在11岁时就有一项小发明申请了专利，12岁时参加全省儿童电脑创意大赛，竟然获得了第三名的好成绩……这个当年的淘气鬼，如今正在某高校读计算机专业硕士学位呢，这是不是一个奇迹？

对孩子的行为训练其实比知识的传授、道理的说教更加重要。这里将对儿童行为训练的方法归纳如下：

①培养孩子的生活自理能力。孩子自己能做的事情，大人绝不替他做；

②训练做事的具体操作方法。通过示范和训练，帮助孩子掌握做事的操作方法和程序；

③学会关爱、服务于他人。孩子有自己的家庭角色，应明确责任和义务，做好自己力所能及的事情，遇事要与家人共担当，不给别人添麻烦；

④鼓励肯定为主，做事有始有终。给孩子心理上的支持和理解，强化他们的良好习惯；

⑤意志品质的训练终身受益。说到做到，言行一致是基本要求，意志力培养应持久；

⑥注重亲子间的情感交流。通过情感交流，可树立父母的威信和良好形象；

⑦引导孩子的探索精神和创新能力。将孩子的兴趣和注意力引向正确的方面；

⑧注重孩子的自我评价。孩子的缺点错误尽量让他们进行自我评价，成人不要作任何道德评价。

成长的过程是必须经历的，有错误和缺点是正常合理的，要求孩子十全十美，才是家教最大的误区，因而不要用非此即彼的唯一标准来评价孩子。孩子的个性是形形色色、丰富多彩的，要求孩子进行自我评价，他便能够明确奋斗目标，学会不断地完善和提升自己。

现代教育观念认为，不同个性的儿童有多种多样的成长模式。在有的小学校和幼儿园里，一些老师将孩子分为三六九等——这是近年来教育上的最大弊病和“硬伤”。如果因自己的孩子顽皮出圈，父母屡屡被“请”去听训，家长必会感到莫大的耻辱。然而，家长们错了！庄稼树木可以被“间苗除弱”，家畜家禽可以“养优杀劣”，唯独人类对后代的“受教育权利”是不可以剥夺和放弃的，对每一个孩子都应该无条件地平等爱护，如此，科学教育可创造奇迹！

亲子双赢：父母——辛勤园丁喜见硕果累累
孩子——茁壮新苗可承雨雪洌洌

peiyangchenggonghaizi10zhao

8

幽默宽松 教育机智，善借力他山之石可攻玉

第8招

曲径通幽，恰到好处，言辞风趣，跨越代沟；

画龙点睛，胸有成竹，亲子融洽，家庭幸福。

幽默快乐的父母是最受孩子欢迎的，一个家庭中充满欢声笑语，才是生活的真正幸福。

做父母的总是希望孩子有出息，因而认为应该对孩子严格要求。父母们也以为不苟言笑、严肃地对孩子说教才有权威，因而可能动辄便会严厉地训斥孩子。

而当孩子出现某些问题，例如学习成绩下降、违反课堂纪律、与老师或同学发生冲突、犯下大大小小的错误等，许多家庭为教育孩子的事情往往弄得鸡飞狗跳、硝烟四起，爸爸打骂，妈妈哭泣，奶奶唠叨，爷爷生气，但对孩子却并没有多大触动，过一段时间孩子又出错，大人生气伤感，于是形成恶性循环……

那么，我们为什么不能够在家庭中创造一种幽默开心的轻松氛围？孩子在成长过程中难免出现这样那样的问题，宽松有度的环境其实更容易树立父母的良好形象，令孩子具有安全感，形成一种积极稳定的心态，对父母和孩子之间的情感沟通和身心健康都是大有益处的。

◎ 典型个案

个案一　数字幽默帮小芳

数学成绩不够好的孩子尤其是女孩，在不少家庭都被父母冷嘲热讽，甚至打骂惩罚。结果使孩子形成恶性条件反射——将数学与消极情绪相联系，简直是患了“数学恐惧症”——本来会做的题也不会做了，结果数学成绩越来越差。与其如此，不如用幽默的方法面对。

小芳6岁，刚上学，算术上有点不开窍。小芳的爸爸从某报刊上看到一则小笑话，就一边用数字画漫画，一边惟妙惟肖地讲给小芳听：“一天0跟8，6跟9，2跟7相遇了。0对8撇撇嘴说：‘胖就胖，系啥腰带呀？’6看都不看9，便说：‘酷就酷，玩啥倒立呢？’7看到2说：‘别跪了，再跪我也不会嫁给你！’”受这个笑话的启发，爸爸经常将数字和算术题编成小笑话、小故事，说给小芳听。爸爸说："你看，数字多有意思！它们还能变成好听的音乐呢！咱们小芳一定能学好算术……" 在小芳和爸爸前仰后合的笑声中，不知不觉地，小芳的算术成绩越来越好，到了初中，小芳成了数学尖子。

我也清楚地记得，上小学时，妈妈买了一本《趣味数学》给我，例如"鸡兔同笼""龟兔赛跑"等有趣的计算题，常常是全家人一起上阵来解书上的题目，邻居们也会参与进来，有时大家争得面红耳赤，但解出来后就非常快乐。《趣味数学》一书使我对数学兴趣倍增，中小学时我的数学成绩都很拔尖，直到上大学，我还担任"高等数学"的课代表呢。

个案二　幽默老人"战"噪声

在《犹太商战幽默：世界第一商业民族的智慧》一书中，有许多幽默的小故事。

例如如何对待孩子的叛逆心理和行为呢？下面这个故事可能对父母们会有启发。

犹太老人加里·沙克退休后，在学校附近买了一间简陋的房子。住下的前几个星期还很安静，不久，有三个年轻人开始在附近踢垃圾桶闹着玩。老人受不了这些噪声，出去跟年轻人谈判。"你们玩得真开心。" 他说，"我喜欢看你们玩得这样高兴。如果你们每天都来踢垃圾桶，我将每天给你们每人一块钱。" 三个年轻人很高兴，更加卖力地表演"足下功夫"。

不料三天后，老人忧愁地说："通货膨胀减少了我的收入，从明天起，只能给你们每人五毛钱了。" 年轻人显得不大开心，但还是接受了老人的条件。他们每天继续去踢垃圾桶。

一周后，老人又对他们说："最近没有收到养老金支票，对不起，每天只能给两毛了。"

"两毛钱？" 一个年轻人脸色发青，"我们才不会为了区区两毛钱浪费宝贵的时间在这里表演呢，不干了！" 从此以后，老人又过上了安静的日子。

管理血气方刚的青少年，强制性的命令只会让他们变本加厉，效果适得其反，不如利用逆向思维，把面子给足他们，用他们能够接纳的方式，才能将其控制在股掌之中，事情的结果才能朝向自己的意愿发展。

个案三　幽默商人促成才

还有一个小故事，可启发那些学习不够用功的孩子。

有个年轻的画家，画出的画总是很难卖出去。一次偶然的机会，他经人介绍认识了一位犹太商人。犹太商人看画家整日愁眉苦脸，就问他遇到了什么难事。

苦闷的画家就向犹太商人倾倒满腔的苦水："我画一幅画往往只用一天不到的时间，可为什么卖掉它却要等上整整一年?"

犹太商人沉思了一下，对他说："请倒过来试试。"年轻人不解地问："倒过来?"犹太商人说："对，倒过来！要是你花一年的工夫去绘画，那么，只要一天工夫就能卖掉它。"

"一年才画一幅，这有多慢啊！"年轻人惊讶地叫出声来。犹太商人严肃地说："对！创作是艰巨的劳动，没有捷径可走的，试试吧，年轻人！"

青年画家接受了犹太商人的忠告，回去以后苦练基本功，深入搜集素材，周密构思，用了近一年的工夫画了一幅画，果然，不到一天的时间它就被卖掉了。

不能只讲这个故事，还可以让孩子尝试做一件他喜欢的事情。如果他不下足工夫认真做，多半会效果不好，或是碰钉子，那时候您再说："请倒过来试试！"

○ 个案分析

幽默与快乐是"双胞胎"，幽默是家庭的消毒剂，可清除一切悲观、烦恼等消极情绪。

幽默是什么呢？这个问题难倒了古往今来许多大哲学家和思想家。无怪乎有人说，幽默像太平洋百慕大三角那样神秘，像达·芬奇笔下蒙娜丽莎的笑容那样微妙，像数学领域中哥德巴赫猜想那样深奥。

最初将幽默（humor）一词移入中国来的，则要推著名作家林语堂先生。林语堂说，幽默是一种从容不迫、达观的心态，是一种看世界的眼光、看人生的角度。

作家老舍认为："幽默首要的是一种心态，是由事物中看出可笑之点而技巧地写出来。笑里蕴涵着同情，而幽默乃通于深奥。"众所周知，幽默是人类面对共同的生活困境而创造出来的一种文明，它以愉悦的方式表达人的真诚、大方和心灵的善良，它像一座桥梁拉近人与人之间的距离。幽默是奋发向上者和希望与他人建立良好关系者不可缺少的东西，也是每一个希望减轻自己人生重担的人所必须依靠的支柱。具有幽默感的人都有一种超群的人格，能感受到自己的力量，能独自应付任何艰难的环境，这样的人最受欢迎。

幽默是一个人品质、能力、智慧的象征，它是一种修养；幽默是用来治愈人的心病的，而不是用来伤害人的，幽默是爱！总之，幽默是一种积极的人生态度，它使生活总是充满快乐、温暖、爱心和希望。有人说，幽默是生活的救生圈，也有人说，幽默是家教的魔术棒，是亲子关系的缓冲剂。

美国喜剧大师查理·卓别林说过："幽默是智慧的最高体现，具有幽默感的人最富有个人魅力，他不仅能与别人愉悦地相处，更重要的是拥有一个快乐的人生。"

美国前总统亚伯拉罕·林肯说过："依我的经验来看，在向一般人说明或解释问题时，说笑话的方式比其他方式更容易被人接受。"幽默的父母更容易被孩子接纳。

幽默应该是父母给予孩子的一种重要的精神食粮，幽默既代表了父母的韧性，也代表了父母的勇气。犹太人认为只有那些强大的人，那些在困难面前不屈不挠的人，才能随时随地地运用自己的幽默。因此，犹太人说："笑是水，犹太人是鱼。"

这真是：机智教子好心情，宽松幽默方法灵；温暖氛围靠爱心，其乐融融成长经。

○ 建议与谋略

幽默是家庭教育的新思维。虽然有些父母会感到自己“不会幽默”——整天工作紧张，生活压力又大，哪有心情去幽默？但是，为了孩子的成长，为了您自己的身心健康，您还是选择幽默的言辞为好。幽默并非难事，上面提到的一些笑话并不复杂，从网络、书籍、报刊、杂志上都能够看到。您也可以根据自己的某些亲身体验，编一些小笑话，可随手拈来。

下面的一些方式，也可供父母们参考：

①笑话引路。在指出严肃的问题之前，先说个笑话，经常坚持，可促进亲子关系的融洽；

②逆向思维。孩子出现问题是好事，早出现可早解决，以逆向思维“鼓励错误”，让孩子自己说出这个错误或缺点对自己有什么“好处”，将可收到意想不到的效果；

③举一反三。说一个笑话或别人的小故事，“影射”孩子的问题，比直接生硬地批评斥责孩子更管用；

④拜师求教。让孩子给父母当老师，虚心求教，反而可以促进孩子改变自己的弱势方面；

⑤角色置换。让孩子与父母互换角色，父母故意表现出孩子的问题和缺点，让他们体验父母的良苦用心，并领悟到自己应该如何改变自己；

⑥旁敲侧击。采用过去没有用过的家教方式，不直接说教孩子的问题，而通过比喻、故事、影视剧、小说等的讨论，来启发孩子进行自我检讨和反省。

亲子双赢：父母——睿智开心变幻千方百计

孩子——寓教于乐天天五光十色

peiyangchenggonghaizi10zhao

9

价值教育 理财有道，家庭烙印给孩子美丽人生

第9招

高尚人生，修身养性，追求价值，水到渠成；

尊重生命，保护天性，低调教子，成才成功。

法国作家雨果说过：“人生至高无上的幸福，莫过于确信自己被人所爱。”

伟大的科学家爱因斯坦说过：“不要为成功而努力，要为做一个有价值的人而努力。”要做一个“有价值的人”，就需要树立科学正确的价值观。

在西方国家的教育中，非常重视对学生进行价值观的教育，不仅是观念和是非道德的教育，而且在出现了问题后不是仅仅加以惩罚和批评，而是必须让学生参与针对实际问题的讨论和制定相关的措施。例如学校里出现了少女怀孕的现象，或是有人做出违法犯罪的行为，学生就要共同讨论，为什么出现这个事情？这个行为的后果是什么？发生了应该怎么办？别人如何避免这样的行为呢？这是值得我们家长和教师学习的。

孩子诞生后，首先应该被爱、被欣赏，他是那么娇嫩、那么柔弱，他需要父母的爱才能长大。孩子在无知时也许是那么的幼稚可笑、那么的让人不可理喻，但他是一座宝藏，是家庭与社会的宝贵财富与未来的希望。因此，父母应尊重孩子的天性。

英国哲学家罗素说过：“父亲最根本的缺点在于想要自己的孩子为自己争光。”

父母们常常难以掩饰对孩子的极高期望值：你以后必须上最好的幼儿园、小学、中学、大学，读硕士、读博士……然而，今后若干年，世界上仍可能有至少50%以上的青年不能上正规的大学，而在中国，这个比例也许更高，要知道教育资源是有限的。

在市场经济高度发达的今天，孩子不可避免地受到社会上和家庭中对财富、金钱观念的看法的影响，父母如果未能有意识地引导孩子的理财观念，孩子则有可能受到一些负面的影响。

世界上成才之路有千千万万条，除了孩子自身的努力和父母的教导之外，社会上还有许许多多的因素与孩子的发展有关，而其中有些因素是当事人难于把握和改变的。因此，我们要“低调教子”，但与道德和是非观念有关的问题要观点鲜明，这是一个新时代的辩证法。

○ 典型个案

儿童、青少年时代是人生的播种期，而播下什么样的种子，多是取决于父母的。心理学家认为，一个人的个性，至少有一半会打上家庭的烙印。

个案一　小班长的“生意经”

六年级的小兢已当了三年班长，是有名的好学生，可最近他却被同学“告发”。小兢利用班长的职权，竟对同学“强买强卖”。他把不干胶小画片和漫画书等高价卖给同学，又强迫同学把他喜欢的文具、光碟、玩具或图书等低价卖给他。更严重的是，小兢瞒着父母，向一个小摊贩“赊购”了200多元钱的小食品和其他东西……一位女生把小兢的所作所为悄悄告诉了自己的父母。父母感到问题严重，赶紧反映给班主任，此事才得以披露。

班长被撤职了，可小兢的行为是怎样引起的呢？需要追根溯源。老师经过多次家访，才了解到小兢不良行为的诱因。原来，小兢的父亲是某电脑公司的职员，在家里常说起“装配电脑”一台可赚多少钱，旧电脑换了零件又可赚多少钱等。说者无心，听者有意，小兢因为感到父母给他的零花钱很少，他就暗暗下决心，要学国外的中小学生，自己学会赚点儿零花钱。

他偶尔在小摊位上买东西，那摊主竟然跟他谈起“生意经”，还给小兢出主意：向你的小同学卖点他们喜欢的东西，也能“赚点小钱”啦！于是，小兢心动并且开始行动了。

个案二　自助餐的品位高低——文明修养从这里开始

在某旅游区的饭店，小雄和父母每人给自己选了一盘食物，对于大虾和鸡腿等高蛋白食物他们每人只要了一个，而后把自己盘里的东西吃得干干净净。

小麟的父母则亲自给儿子挑选了满满两盘的食物，小麟挑三拣四，专门吃大虾和鸡腿，最后剩下大半盘青菜和主食吃不完，只好浪费掉了。

个案三　对待名牌服装的态度——自信心与价值观的取向

小邦的父亲要去国外考察，征求儿子的意见："听说那边名牌运动服很好，我给你买一套好吗？"小邦说："我穿国产的就挺好，您还是给我买几本英语书和光碟吧！"

爷爷要去美国参加会议，小科说："你给我买两套名牌牛仔服来，还要一双乔丹穿的那种运动鞋！"爷爷说："你的名牌服装不少了，我没有时间去买，换外汇也太麻烦……"小科说："那我不管，你答应过我，我已经告诉同学了，你不买让我多没面子，我就要嘛！"

个案四　社会志愿者的考验——诚信与社会责任感、义务感的培养

大学里许多同学报名做社会志愿者，小植和小荔同时报了名。小植经常去帮助一位下岗职工的孩子补习功课，而小荔是去照顾一位孤寡老人。小荔说："小植，我很喜欢孩子，咱俩的工作换换好吗？"小植痛快地答应了，并一直坚持不懈地做到她大学毕业。

而小荔的父母说："大学生学习压力太大，当什么志愿者？搞好学习考个研究生就行了！"小荔只做了一个月，便退出了志愿者组织，她认为做那些事情"太耽误时间，没意思"。

虽然以上实例都是生活小事，但反映了孩子对消费、金钱、人生价值的认识，孩子的行为取向是否符合现代社会的标准？只有树立起科学正确的价值观，才会有自觉的行为习惯，才可提升一个人的品格，而这种品格可能会影响他们的一生。

○ 个案分析

民谚语："小时偷针，大时偷金"，现在我们也可以这样说："小时拜金，大时贪财”。

这话绝非儿戏。日常生活中父母对孩子的影响往往是在不知不觉中进行的，当孩子出现某些问题时，父母才大吃一惊，却不知道孩子的问题家长多半是负有责任的。父母们常以为，自己也没有有意去教孩子做坏事，为什么孩子会自作主张，做出一些荒唐的事情来呢？

针对以上个案，例如小兢出现的问题，父母并不应该对孩子发脾气，而要与孩子讨论：

①对金钱的看法，对金钱与道德的关系的看法，如你从同学手中“赚”的钱是从哪里来的？这种做法对吗？

②孩子怎样抗拒种种不良诱惑？小贩说的话对吗？学生应怎样勤工俭学？

③如何靠诚实劳动挣钱？社会财富如何创造？金钱又是从何而来的？

④将不应得的钱退还给同学，要让孩子向同学赔礼道歉，承认错误。

⑤如果确实给孩子的零花钱较少，可适当增加，但应要求孩子学会计划用钱，勤俭节约。

⑥对孩子进行培养“经济头脑”的科学理财教育，让他们学会精打细算，要会自己记账。

虽然许多家长已逐渐意识到理财教育和价值观教育的重要性，但在家教中能够坚持这样做的父母有多少呢？上面的实例是在现实生活中常见的，也能够说明家庭中理财教育和价值观教育以及道德意识、道德情感与道德行为的教育是否还有欠缺之处。

试想，那些犯了贪污受贿罪的官员们，大多数不也是当年的“好学生”吗？否则他们怎么会被招考、聘用又层层地提拔呢？例如台湾的大贪官陈水扁，在学生时代曾一直是个成绩优异的好学生。广东一位正厅级干部，父母给其取名“三戒”，就是希望他戒除各种恶习、杂念，做一个高尚的人，但他偏偏不能自律慎独，在高速公路建设中贪污受贿数额巨大，丧失了做人的气节，锒铛入狱，还有什么高尚可言呢？

○ 建议与谋略

青春期的孩子常常会表现为逆反心理严重，甚至与父母情绪对立、盲目反抗，而有些父母往往认为孩子不懂事，或是上纲上线到“道德品质”方面的问题。如何使孩子懂事？如何促进孩子学会控制自己的言行，培养其高尚的道德品质？应该说，这都与价值观问题有关，其本质有：什么事情值得去做？什么事情不值得甚至绝对不能去做？

青少年已经具备了足够的思维能力，父母对待孩子的各种想法和行为可以因势利导，因此必须在两代人之间开诚布公地进行沟通和交流。如果亲子之间能够平等地讨论一些问题，就可以在价值观方面达成某些共识，便可以培养孩子形成良好的道德品质。这不仅是家庭教育的必修课，并且在讨论价值观的过程中，才能够使孩子学会分辨是非曲直，从而形成正确科学的道德意识、道德情感、道德行为、道德习惯。通过对价值观的讨论，青少年经过自己的思索，便会逐步完成这个心理上的“内化过程”，形成自己的道德水准，而这个过程是成人无法代替的。

我们应该提倡：低调教子，务求实效，要求孩子首先学会做一个文明的合格公民。

下面这四条注意事项，可帮助父母克服“高调教子”的毛病，发挥“低调教子”的实效性，针对当前的市场经济环境，帮助孩子树立科学的价值观，懂得取财有道的理财原则。

①启发自觉性。在不同的年龄阶段，孩子的奋斗目标应该由他自己提出来；

②促进领悟性。通过与孩子沟通商量，针对社会现实中的实例，树立正确的财富观；

③培养坚韧性。意志品质是学业、事业成功的必要前提，坚韧的意志

力可以排除万难；

④肯定独特性。建立自信心和自尊心，具有独立的见解，待人处事的独特性是成人之道。

对于人生的意义、人生的价值和理想，伟大的革命家卡尔·马克思一言以蔽之曰：“完善自身，造福人类。”歌德说过：“有时候，我们的命运类似冬天里的果树。谁会想到它的枝还将再次吐绿开花，但我们期望着，也知道它们会。”

育人是一个长期的过程，家庭教育的结果有可能要在二三十年后或更长的时间才能看到效果，从小教育孩子追求“做人的价值”是非常重要的。在各类生活小事中，父母应该态度鲜明，对孩子要求严格，让孩子是非分明，对自己的心理行为有正确的选择和控制能力。

在如今开放的社会环境中，多元文化、多样观念的展示随处可见，儿童和青春期的少男少女如果缺乏正确的价值观，就容易被各种不良的诱惑所吸引，而陷入迷茫状态中。抗拒不良诱惑需要心领神会，懂得什么可以做，什么是绝对不可以尝试的。树立科学的价值观，才能够自觉管理好自己的言行，促进青少年成才，让他们体现自己生命的价值，从而拥有一个美丽的人生。

亲子双赢：父母——杰出印记镌刻后代永存

孩子——继承前辈优势再谱新曲

peiyangchenggonghaizi10zhao

10

抛砖引玉 以身作则，青出于蓝而胜于蓝

第10招

严以律己，务求信用，潜移默化，亲子为镜；

民主平等，家教文明，畅所欲言，宽松环境。

在心理学中，有一个著名的实验，叫做“印刻现象”，说的是小鸡、小鸭等刚从蛋壳里出来时，会追逐它看见的母鸡、母鸭或是在眼前的其他什么人，并会一直追随它或他而变得习以为常。动物是凭本能这样做的，但人类的婴幼儿保留的本能极少，正如孔子所说的“性相近也，习相远也”的道理，人类的行为习惯则主要是通过后天“学习”所习得的。

客观地说，孩子是无可选择地、潜移默化地学习身边的人，比如学习养育着自己的父母的所作所为而形成自己的行为方式。父母的饮食、卫生、运动、劳动、学习等方面的习惯，常常会影响子女的一生。例如一位母亲培养教导儿女，每天晚上要将自己第二天用的学习用品、穿的衣服等整理好，整整齐齐地摆在床边，她的儿女一直保持着这个习惯。后来，他们中的一个成了著名的作家，一个成了有成就的企业家。他们说，母亲给了他们“一个有准备的头脑”和“勤劳的双手”，使他们和后代受益终身。

著名教育家叶圣陶说，教育就是习惯的培养。父母不可忽视自己的言行习惯对孩子潜移默化的作用。这种作用也可称为“抛砖引玉”——父母以身作则，孩子可青出于蓝而胜于蓝，其日后的成就多半会超过父母。

父母严以律己，是无声的榜样，孩子是会学样的。教育学家说，儿童是父母的镜子。家庭要有宽松的环境，不是强迫、命令孩子做什么，而是给他领悟、思考和选择行为的机会。

○ 典型个案

有一位10岁女孩的父母，带孩子来找心理医生，说女孩对父母不尊敬，放了学也不叫爸妈，大人说什么也是爱搭不理的。问题出在哪里，这又是什么原因呢?

当父母回避后，女孩对心理医生说：“我爸爸打电话，老是带‘脏字’，我都替他脸红，给他提意见好多次了，他为什么至今也不改呢？妈妈成天忙着买化妆品、买时装，打扮得好漂亮呀！可我参加少年宫器乐培训，妈妈舍不得给我交学费，竟然找熟人走了个后门，我在那里参加培训心里很不安……爸妈从来不爱看书，我的课外书，他们读出了许多错别字，我在学校订的家教报，他们也不看！整天教育我努力学习，他们自己怎么不学？我不喜欢这样的爸妈，就是不愿意叫他们！”面对女孩一双明澈的大眼睛，难道父母们不感到惭愧吗？

近年来，我们面对的往往是“看不起父母的新一代”。这并不是孩子的错，原因多半在父母。有的父母甚至说：“像我这么下工夫，要是换个别的孩子早就成才了！”可有时为什么父母的教导不灵，是这个10岁女孩道出了真谛：父母要有令孩子佩服的言行举止，教子才可生效。如今这个时代不是只会说好听的话就行了，而是以行为对话、用行动说话的新时代。

若是父母在做人的品位、德行方面不能“过关”，对孩子的心理与个性上会有什么影响呢？例如骂人或以不符合社会公德的手段做事，都是道德滑坡的表现，会使孩子受到消极的心理暗示，让孩子对成人社会产生悲观失望的感觉。

○ 个案分析

自改革开放以来，人们的物质生活水平显著提高，暴富的家庭也不少，在这样的背景下更应注意对孩子潜移默化的影响。生活中的各种高消费都不能代替家庭文化的品味，所以千万不能忽视了家庭的文化氛围和学习风气。

父母应该树立一个这样的观念，家庭文明非儿戏，不要以为在家里“随便一点”没有关系。殊不知，父母任何的不文明言行，对于孩子都是一种“精神毒品”。

家长有些不好的习惯难以克服，这是因为不文明的言行往往是不理智的、不负责任的宣泄，它像毒品一样使人“上瘾”，我们不能让孩子的精神世界受到任何污染。

从社会到家庭，我们不仅要保护自然生态环境，也应该保护精神环境的洁净。只有在精神环境上真正纯洁、高尚、文明，才能够保障生态环境的纯净。

做一位称职的父母，至少要注意以下三点：

①意识到自己对家庭和社会的责任。以夫妻和睦、家庭幸福作为对孩子成长的保障，若是夫妻关系有问题，就要及时调整。如果不能保证有良好的家庭环境给孩子，宁愿选择暂时不要孩子，严以律己首先应表现在对婚姻家庭和后代严肃认真的人生态度上；

②父母个人的品德与信用。这是孩子健康成长的重要条件。父母应该是孩子可依赖的、可充分信任的人，能给孩子以安全感和归属感；

③严以律己，有端正的品行才能做称职的父母，以便给孩子树立良好的榜样。

大多数父母都是普通人，您是否是个好父母，孩子才是最好的裁判。

◎ 建议与谋略

伯特兰·罗素，这位活了98岁高龄的杰出的思想家和活动家，他不是文学家，却在1950年获得了当之无愧的诺贝尔文学奖。罗素一生努力探索、艰苦劳作，著作71种，论文和其他文章也很多。他文思敏捷，据说平均每天写作3 000多字。他的著作涉及哲学、数学、政治、伦理、教育、文学、社会学等各个领域。罗素还积极从事社会活动，反对侵略和压迫，伸张正义事业，维护世界和平。罗素一生的活动和事业为世人瞩目，世人也给予了他高度评价，而罗素的成才正是家庭潜移默化的结果。

罗素于1872年出生在英国蒙默里郡特雷莱克的一个贵族世家。罗素的祖父是自由党的首脑人物，并曾经两度出任英国首相。罗素出生后不久，父母相继去世，祖父母承担起培养孙子的责任。这是一个有很高文化修养的家庭，家庭里有着浓厚的文化氛围，人人彬彬有礼，平日来的客人聚在一起总爱探讨学问和讨论社会问题。祖父经常教导孙子要好学上进，正派做人，祖母也是知书达理、很有修养的人。她笃信宗教，恪守教规，教导孙子要经常反省自己的过失和愚蠢行为，并且她在政治上持自由主义观点，这些都对罗素有很深的影响。同时，罗素的家里广有藏书，这是孕育一位伟大思想家的宝库。罗素博览群书，埋头苦读，汲取着丰富的知识营养。另外，他11岁开始从哥哥那里学习欧几里得几何；他的外籍保姆和家庭教师从小就教罗素学会了几种外语，使罗素大大扩展了获得知识的途径。

世界上有不少人将罗素视为伟大的圣哲，是因为他为人类社会与文化做出了伟大的贡献。而古今中外任何一位有成就的人，都带着家庭的显著烙印。

家庭的精神文明是多方面的：语言文明，人际和谐，窗明几净，相互尊重，邻里和睦，美德治家。要给孩子潜移默化的积极影响，绝非父母的人为装饰、布置或是完全的“演戏”，而必须是孩子感同身受、习以为常的，这样才能达到抛砖引玉的效果。

因此，我们在这里给父母几点对孩子进行潜移默化教育的秘诀：

①父母有经常的学习习惯，家里有较丰富的藏书；

②关注世界与国家的发展，对新知识、新事物敏感，有浓厚的兴趣；

③家庭中有相互学习、探索、讨论的气氛与习惯，人人可以畅所欲言，有自己独立的见解；

④高尚的文化消费，文学、戏剧、音乐、体育等是孩子不可缺少的精神食粮。

因此，在现今的信息时代，父母要以身作则，带头学习，善于及时掌握最新信息。只有创造良好的家庭学风，才能适应当今这个终生学习时代的发展。

在当今独生子女时代，更加重了父母们对孩子的呵护力度，提高了父母们对孩子的期望值。独生子女不仅成了千家万户矜贵的家中宝、掌上珠，而且成了精心包装，经不起一磕一碰、一冷一热、“且勿倒置”的“珍贵古玩、千年瓷器”一般的“易碎品”。

家家如此，司空见惯。但过度的保护却带来了许多意想不到的副作用，最主要的副作用就是对孩子管得过严、过死、过于苛刻，对孩子形成了一种心灵的枷锁。那么，家庭要如何建立一种促进孩子成人与成才的宽松环境呢？父母们应注意以下六个方面：

①相信潜能。放手让孩子实现自己的愿望，相信他能够做好，可建立成长日记给予监督；

②了解需要。不同年龄的孩子有不同的物质与精神需要，父母要给予适当的满足；

③畅所欲言。让孩子有机会说出心里话，可判断是非，又可有的放矢，避免盲目性；

④民主作风。不可认为孩子人微言轻，而应平等地对待他们的意见，给他们以尊重和理解；

⑤保护有度。对孩子的呵护是为了他的独立，不可借保护为名，扰乱了孩子的成长节奏；

⑥独立自主。不要害怕孩子有独特的见解，自主性越强、越早独立的孩子，很可能就是天才。

亲子双赢：父母——平实楷模身先士卒可敬

孩子——纯真朴实言行一致可爱

peiyangchenggonghaizi40zhao

11

信任激励 倡激将法，相信孩子有能力完善自己

第11招

热诚鼓励，发现特性，正视现状，信任先行；

出错不惊，共同提升，冷静剖析，全家从容。

法国作家司汤达说过："在热情的激昂中，灵魂的火焰才有足够的力量把造成天才的各种材料熔冶于一炉。"俄国作家列夫·托尔斯泰也说过："任何天才都不可能在孤独中得到发展。"这是经过历史考验的朴素真理，也是作家们的亲身体验。

而在现实生活中，当人们有了孩子后，却常会陷入迷茫，热诚是否会纵容孩子？鼓励是否会助长错误和骄傲？孩子出了问题还怎么冷静？父母若是做"笑脸菩萨"还有什么威严？是不是"冷面杀手"更有威慑力？类似的问题困扰着家长们，现在我们就来讨论这些问题。

◎ 典型个案

11岁的小建是六年级学生，他学习成绩较好，性格开朗活泼。最近几个月，妈妈发现小建有一些变化，他经常发脾气，有一次还把爸爸心爱的瓷茶杯摔坏了；学习成绩不如过去，老师还通知家长，小建竟然在学校与同学打架，把别人打得鼻子出血。于是，他挨了父母一顿批评，还被父亲打了一顿。随后，父母带小建来心理咨询中心。

小建对心理医生说："前几天，我们值日，外班一位同学故意用石子把我们的窗户玻璃打破了，我揪住他讲理，要带他到老师那里去，可他把我使劲一推，我正好撞在打破的窗户上，划破了我的胳膊。我出于气愤和自卫，也打了他几拳，他不经打，鼻子流血了，就恶人先告状，我有什么错呀？……可父母罚我不许出去找同学玩。我一回到家就烦极了，爸爸气极了就打骂我。妈妈天天要说好多遍：明年你就要上中学了，可要用功，争取上重点学校！

"其实我的成绩一直在班上前五名，用不着她操心。星期天我想找同学去玩，父母不让我去；我有三个好朋友都住在附近，我们一起踢球和学电脑，小正和大立家还有许多有趣的卡通书和科幻故事书，可好看了。可家人老是让我复习功课，我都会了，有什么可看的？跟父母没什么话可说，双休日我在家里闷死了……”小建滔滔不绝地说着自己的苦闷。

心理医生问小建的父母：“你们知道孩子的想法吗？他说过自己的要求吗？他天天在长大，非常需要父母的理解和心理支持。”小建的母亲说：“他快上中学了，应该管严点儿，不能太贪玩。他星期天想去找同学，上次他打了人家，总不是好事，谁知他还会不会再跟同学打架？所以，我不允许他出去玩。”小建的父亲说：“男孩子这么半大不小的年龄，最让人担心了，对社会上的事半懂不懂的，他有时会惹出不少麻烦，不打他怎么行？现在社会很复杂，他出去找同学，怕出什么问题，还是少出去更好点吧？”

○ 个案分析

自古以来，人们相信这样的说法：打是疼，骂是爱，不打不骂不成才。从成人的心理咨询个案中发现，许多人的心理疾病的诱因与幼时经常挨打有关。

一位患强迫性神经症的中年女性回忆起自己的童年，她的母亲脾气非常暴躁，常常是“抄到什么就用什么打孩子”，她和姐姐都曾被母亲扔出的铁锅、火钩子等砸伤手脚，她从未体验过真正的母爱。另一名遭遇离婚的男青年说，他父亲是个“虐待狂”，他酗酒后经常打妻子、孩子；他母亲受刺激患了精神病，但从未得到很好的治疗；他的哥哥被父亲打伤了手臂，后来上学和工作都不顺利，哥哥23岁时患抑郁症跳楼自杀了。这个男青年也很自卑，认为父亲的影响使他人格扭曲，很难与人和谐相处，因而婚姻失败，对自己的前途缺乏自信心。

笔者曾对部分中小学生家长做过调查，竟有60%以上的家长承认曾打过孩子，经常打骂孩子的在20%左右，认为“打自己的孩子不犯法”的家长占40%左右。而对少年管教所的少年犯和18岁以下青少年罪犯的调查表明，他们中90%以上都是经常被父母打骂的。

从现代教育观念来看，打骂孩子是家长无能和不理智的表现，而从法制观念来看，打骂孩子侵犯了未成年人的合法权益。随着孩子年龄的增长，“打”的惩戒作用会越来越小，而其弊病则越来越多。有的家长说，我打了孩子也很后悔，打孩子是气极了，不得已而为之，是没有办法的办法。可是，如果孩子犯了错误、闯了祸也不打他，是不是对他太放纵、宽容了？他不会吸取教训，下次还犯同样的错误，那可怎么办？

家长们最关心的是，不用打骂孩子，有别的更好的办法吗？在这里说到办法，就是要讲科学。在孩子不顺利，遭遇逆境、挫折时，最需要的是热诚的鼓励。热诚的鼓励不是说空话，而是帮助孩子认识自己的优势和潜力，摆脱失败的阴影。要知道，孩子也需要伙伴的理解和支持，才能开始新的生活。

对很多人来说，生命中最长的里程是从依赖他人到自立的那一阶段，而这一段时间大多数人是在父母的身边度过的。儿童、青少年在成长过程中，最需要的是信任与肯定，这就像是农夫对种子说：你是一颗生命力旺盛的种子，我期待着你结出累累硕果！

特别要引起家长注意的是，要对孩子加以充分的信任和肯定，使孩子产生学习的激情与动力。要让孩子最终走上成才之路，必须明确下列观念：

①名人非唯一标准。时代在变化，古今中外的名人精神可贵，但在多元化的时代，对名人的言行同样要有分析、有思考，有自己的见解和判断，不要将自己的孩子与别人比较；

②分数非唯一标准。学习成绩也受到多种多样因素的影响，分数的波动是正常的，关键是永远的求知欲、好奇心，要让孩子善于主动学习，勇于创新，不要对孩子的兴趣泼冷水；

③获奖非唯一标准。参加各种表演、竞赛、考级等是一种竞争心理的锻炼，但获奖绝非目的，关键是重在参与，培养健康的、持久的健康竞争心理，要帮助孩子学会承受挫折和失败；

④做一个最好的自己。尽最大的努力，做一个有独特个性的自己，别人不可替代的自己。

信任使孩子获得自信心，这便是激励他进取的源泉。

○ 建议与谋略

孩子有自己丰富的内心世界，他需要倾诉，需要与人交流，而这是最容易被父母们忽视的。现在许多“三口之家”的家庭，的确是“以孩子为中心”，但家长们一般更多注意的是满足孩子物质方面的需要。为了孩子学习好，花多少钱也舍得，以为只要关注孩子的学习，不断提醒孩子约束自己，别出大的问题，也就算是尽到责任了。

如果孩子出现某些问题，家长就会火冒三丈，对孩子劈头盖脸地批评，甚至不问青红皂白地辱骂，这些都是常见的。其实，这种“冲动式”的家教方式不能正确对待孩子的错误、缺点，只是一种缺乏针对性的“盲目式”说教，甚至算不上真正的教育，有的简直就是一种赤裸裸的“教育暴力”，很难产生实际的效果。

独生子女缺少与同龄人的交往，生活在成人的“包围圈”中，造成他们精神生活的枯燥和单调，会引起其心理上的严重失衡。从家长的角度来看，无论什么原因，孩子出点错就是个不好的信号，不管怎么行？其实孩子就是在错误中成长的，不犯错的孩子是没有的，若是老师一向家长告状，父母就将孩子全盘否定，甚至“打入十八层地狱”，不许他乱说乱动，那样对孩子就太不公平了。孩子可在实践中学会交往，也可以通过大大小小的错误逐渐认识自己的不足。

家长对于孩子直至青年人犯错误、有缺点，都不必大惊小怪，实际上应该这样做：

①倾听缘由。要调查事情的真实经过，让孩子把话说完；

②允许申辩。孩子若是与别人说的不同，应允许他自我辩解，避免冤

枉孩子；

③讨论质疑。通过与孩子平等地进行讨论，使他认识到自己的不足之处，有不同意见也可争论；

④提出措施。落实孩子能接受的改正措施，父母不要把自己的意见强加给孩子；

⑤耐心观察。善于观察和等待，相信孩子通过自己的思考和努力，可以学会自律；

⑥适度提醒。错误和缺点如有反复，也是很正常的，再按上面的要点提醒孩子重视和改正。

如果不能发现孩子的错误和缺点，反而是令人担忧的，不等于孩子完美无缺，只是没有在老师、家长的视野中出现而已，或是成人的评价标准有问题，或是孩子善于掩饰和伪装自己，“过于听话、完美”本身，就是一个非常危险的信号。因此，孩子出现错误、问题，就应该将它们看做是孩子的真实表现，是其成长的最好催化剂。

亲子双赢：父母——积极暗示激将法最灵
孩子——自信乐观行动法可行

peiyangchenggonghaizi110zhao

12

心灵感应 感同身受，以倾听代替斥责和强制

第12招

多多倾听，理解沟通，母免唠叨，父戒强从；
设身处地，心灵感应，情深意切，切忌命令。

家庭教育是一项伟大的事业，家长们虽然会认识到自己的责任和义务，但是不一定都能够成为合格称职的家长。在现代高科技的社会，家长们必须勤于学习新的观念和知识，才能适应社会的发展和变化。如果只沿袭传统的家教方法，认为家长总是正确的，孩子就是应该服从家长的，那么多半会碰钉子。若是靠个人感觉随心所欲地管教孩子，难免会适得其反，至于凭感情冲动苦口婆心地说教，更可能被孩子当做耳旁风。家长们常常体验到挫折感、失败感，作为独生子女的家长确有许多的难题。

多多倾听孩子说话，可使父母了解孩子的“心理脉搏”，从而与孩子产生“心灵感应”，保持一种平和的心态；切忌命令孩子服从，可使父母保持一个冷静的头脑。

○ 典型个案

一名四年级的女孩，从三个月前开始变得学习困难，学习成绩下降，甚至不愿意上学。

家长反复追问后，孩子说她在学校丢了许多橡皮，还说语文课上做练习时，老师曾让她借橡皮给一位男生，但那位男生没有还橡皮给她，多次向老师反映后，老师不理睬，还对她有些不耐烦了。于是，家长说：“你这孩子，怎么这样小心眼！一块橡皮算什么？你要什么橡皮，我给你买好了，不要再找老师的麻烦。老师天天要给你们上课，多忙啊，你真不懂事！”

可是，孩子仍旧不高兴，对家长的劝说无动于衷，并且更不愿意上学了。

应该看到，孩子不愿去上学，还有丢了橡皮，都是表面现象。其实，孩子虽然还小，她的小脑瓜里同样会想很多的问题，她也有自己的心理需要。

○ 个案分析

孩子在成长过程中有“被肯定”的心理需要。向同学要回自己的橡皮是不被肯定的，老师和家长总是正确的，孩子的正常心理需要总是被否定，因而导致孩子想不通。这个女孩也许非常喜欢和珍惜被同学“借”走的那块橡皮，这种情感应该得到理解和肯定，但孩子得不到肯定，因此她可能用毁坏、丢弃橡皮或将橡皮送人等方式，来发泄她的不满。

孩子有学习待人处事和被接纳的需要。语文老师对孩子表现出不耐烦，是一种不接纳的态度。可能孩子对老师说话不够礼貌，或用词不当，但你能够要求一个9岁的孩子说话十全十美吗？孩子的要求本来是合理合法的，语文老师不理睬孩子的要求，显然是一个错误。

虽然是一块小小的橡皮或是一支笔，在孩子的心目中，它可能就像成人的电脑和手机那么重要，因此不能说孩子想要回那块橡皮就是“小气、小心眼”，而应肯定孩子珍惜学习用品、维护自己的合法权益与自我保护的意识的行为是正确的。

对于语文老师的行为，家长可以对孩子解释说：“语文老师也是普通人，他不理睬还给你橡皮的事，当然是不对的，或许因为他工作太忙，忘记了是他让你把橡皮借给同学的事了。那个男生呢，可能是喜欢你的橡皮，或弄丢了，就不还给你了。你要允许他们犯错误，你也要想一想，如果是你把别人的橡皮弄丢了，你希望别人如何对待你？”

这就是引导孩子学会“换位思维”，尤其对性格内向的孩子，更要让他学会宽容和原谅别人的错误。有的家长有顾虑，以为说老师有错误就会降低老师的威信，实际上是恰恰相反的，家长不对孩子说假话，才能够使孩子客观地评价老师和同学。家长尤其不应该回避孩子所关注的问题，也不能一味地为老师和他人的错误行为辩解。

孩子还有学会自我管理的需要。小学阶段是训练和培养孩子良好行为习惯的“养成阶段”，因而对孩子的某些问题行为要加以正确的干预，让他学会对学习用品和学习行为的自我管理。在有些中小学生中，还出现了不断地丢弃和购买各种橡皮、铅笔等学习用品的病态的、强迫性的行为，多是由于家长为了孩子“学习好”，而盲目地迎合孩子的不健康行为。

这个孩子丢了许多橡皮，不管是什么原因，都应该告诉孩子：每块橡皮都是工人叔叔劳动的结晶，也是父母的血汗钱换来的，你应该爱护，要知道，贫困地区的孩子常常连一块橡皮都买不起。父母还可以带孩子去“希望工程”捐物捐钱，这样可以让孩子懂得金钱和学习用品的价值，从小培养孩子形成科学的经济头脑。

孩子也有获得学习乐趣的需要。许多家长总是以学习成绩的高低来评价孩子，却从不理解孩子的喜怒哀乐。成人在产生情绪障碍时，也很难热情地工作，工作效率会受到影响，心理上尚不成熟的孩子，更会有形形色色的外界或自身因素影响其学习情绪。当孩子学习兴趣不高、学习成绩下降时，往往不是孩子不爱学习，而多半是因为有各种诱因引起了情绪障碍，家长不应只是就事论事，而要耐心地倾听孩子的心声，让他把自己耿耿于怀的事情说出来。

○ 建议与谋略

现在对于这个不愿上学的女孩，家长应采取措施，例如让她把自己的想法都说出来，可在休息日带她出去玩，也可购买她喜欢的玩具和学习用品。这是对孩子进行心理疏导的一个过程，就像一个人生病，需要“活血化瘀，疏通经络”。有的家长认为，孩子表现好才能给予奖励。可是，孩子在情绪不好和有心理障碍时，更需要满足他的各种心愿，这是通过转移注意力和鼓励的方式，使孩子摆脱消极的情绪，以改善亲子关系。

这样做并非是娇惯和溺爱孩子，而是表达成人对他的理解，并不需要花许多钱，有时一个小小的满足，就可以转变孩子的情绪。这样，学习与人际关系方面的情绪障碍也会迎刃而解。

孩子是一个独立的人，无论年龄大小，他已经有自己的思想。如果家长们仔细观察，就知道其实孩子就是一座宝贵的“富矿”。他们有自己的兴趣爱好，有自己的主见，更可贵的是，他们有自己的创造性，这是无价的智慧“能源”。而有的父母和教师，只用“学习成绩”这唯一的一把尺子来衡量每一个孩子。这好比是地质勘探者，只把“金矿”看做有价值的，而其他矿物都被当成了普通的、毫无价值的石头，这样无形中将孩子身上许多宝贵的东西扼杀在了萌芽之中。成人会有意无意地将自己的意志强加给孩子，在许多家庭中都重复着同样的模式：妈妈唠叨，爸爸强制。这样还有孩子说话的机会吗？

根据心理学的研究，在学校中的学业成绩只能反映一个学生“智能”的35%～40%，一多半的智能需要在课堂之外获得。研究还证实，一个人学业或事业的成功，15%靠智力，85%靠的是非智力因素。家庭教育和学校教育一样，都具有“长周期性”的特点，许多孩子能否成才，往往不是凭眼下的学习成绩能够看出来的，对一个人的成长至少要追踪二三十年，才能确定一个人的未来发展趋势。因而可以说，家长对孩子的强迫命令，是不是反映了家长企图立竿见影、急功近利的家教观念，而很少顾及孩子的具体情况和内心感受呢？

我们建议家长对待孩子要“无条件地爱”，无论孩子出现了什么问题，都要永远对他抱有希望。帮助孩子体验成功感，他就会摆脱不良情绪的困扰，开始新的生活。

教会孩子正确表达自己的情绪，父母可以这样做：

①每天与孩子聊天10～20分钟。为了避免拘束，可以采用共同游戏、文体活动的方式，或在睡前陪伴孩子一会儿，创造一种轻松温馨的气氛，使孩子愿意说出自己想说的话；

②情感的交流是相互的，父母也应该将自己的喜怒哀乐告诉孩子，使

他学会关注别人的内心，学会分享别人的快乐，分担父母的忧愁和烦恼；

③鼓励与肯定孩子对不同情绪的表达，尤其是对不好的情绪，也要表示理解和尊重。家长还应该教孩子通过正确的方式宣泄负面情绪，如通过向亲人倾诉，通过向自然环境宣泄等，以达到敞开心扉、缓解紧张焦虑情绪的目的；

④培养孩子对艺术和体育的爱好，使他的情绪得到转移和升华。引导孩子学会专注地欣赏艺术作品，这是一种艺术修养，可提高一个人的品味，使孩子学会用音乐、绘画、朗诵、作诗和运动等方式来宣泄自己的内心，也是完全可以逐步实现的。

父母们应该了解，中小学阶段的孩子，自我控制能力毕竟有限，有时他们出现一些问题，自己又缺乏调解能力，就可能陷入困境。作为父母，应该锻炼对孩子“心灵感应”的能力，就像妈妈对婴儿的感应一样，婴儿稍一有动静，母亲在深夜熟睡中也会马上醒来，并满足孩子的各种需要。儿童、青少年在心理上同样需要父母的敏感和默契。从眼神、表情、情绪、行为的变化等，父母要能够比较准确地观察和判断，孩子可能遇到了什么问题，并给予精神上的抚慰和支持，父母应成为使孩子可信任和依赖的靠山。因此，父母们要学会与孩子“心灵感应”的能力，以便帮助孩子及时进行心理调整。

亲子双赢：父母——多用耳朵少动嘴洗耳恭听

孩子——自觉反思防叛逆感恩戴德

peiyangchenggonghaizi40zhao

13

苦乐均衡 辩证苦乐，精神胜利可引导孩子勤学乐学

第13招

乐学自乐，好奇探索，兴趣导航，求知不辍；

学如赛车，书山路阔，苦练非苦，勤奋快乐。

香港的何达先生在《快乐的思想》一诗中写道："做每一件事情，都给它一个快乐的思想，就像把一盏盏灯点亮，砍柴的时候，想着的是火的诞生；锄草的时候，想着的是丰收在望……"家长的责任就在于，教孩子多多"种植"快乐的思想。快乐是一棵参天的大树，让我们与孩子共同培植它，可终生享受它的阴凉；快乐是一台神奇的电脑，它会呈现世界每个角落的文字和图像；快乐是一架梦幻的钢琴，每敲一下它的键盘，都会有悦耳的声音回响！

父母们不要忘记，多给孩子快乐，这无可替代的"精神维生素"可保障孩子茁壮成长。苦与乐本来是人们自己"定义"的，如果孩子有了"快乐性格"，便会以苦为乐，拥有创造快乐的超凡意识和能力。

现在物质生活不断得到改善和提高，孩子们仿佛生活在蜜罐里，要什么有什么。是不是生活条件好了，孩子就会快乐？作为心理咨询工作者，我们接触的几乎都是不快乐的孩子。他们的不快乐是有许多原因的，最常见的是厌学情绪，而一般都与家长和家庭环境有关。

○ 典型个案

个案一 恐惧担忧

11 岁的小兵喜欢打乒乓球，并曾在市运会获得过少年冠军。但最近一次年级乒乓比赛，小兵输给了同班的小永。小兵对妈妈说："比赛前，小永拍过我的肩膀，摸过我的脸，是不是他把我的运气带走了？"从此，小兵不让家人动他的东西，不许别人坐他的床，也不许碰触他身体的任何部位："别人会把我的好运气带走的，会影响我的能力……"

妈妈感到小兵的想法很可怕，孩子的怪念头、不安全感是从哪里来的？因为小兵生活在单亲家庭，他是在父母的争吵声中长大的。父亲曾说过母亲："你不是个东西，我的好运气都败在你手里了，没法过了，离婚！"这一幕深深地印刻在小兵的记忆中。

个案二　失落无奈

因为父母在国外工作，小石一直与爷爷、奶奶生活在一起。父母经常寄钱回家，小石生活上很富足，可就是感到太不自由。老人感到带孙子责任大，每天上下学接送小石，从来不让他一个人出门半步，也不允许已经12岁的他与同学或邻居家的小朋友一起玩。

每天下学一回家，小石如同被关在铁笼中的“困兽”，看着楼下的孩子尽情地玩闹，他多次在电话中对父母哭喊：“你们快回来吧，我烦死了！”但父母总是说：“要听话呀，别让爷爷、奶奶操心，以后接你来国外上大学！”可是到上大学还有六年，小石怎么过呢？

个案三　敏感多疑

14岁的小梧有点神经质，她上课时特别怕前面的同学弄得椅子吱吱嘎嘎作响，怕有同学打喷嚏、擤鼻涕、咳嗽，还怕同桌的呼吸声和翻书本的声音等。

小梧对心理医生说：“我的耳边好像安了个大喇叭，把什么声音都放大了，觉得他们都是故意的，我特别受干扰，没法专心听课，苦恼死了！”小梧的妈妈说：“她从小就怕声音，我家的人做事轻手轻脚，说话都轻声细语的，她不适应学校的集体生活，这可怎么办？”

原来，小梧的家人从小就把她看做掌上明珠，“含在嘴里怕化了，捧在手上怕摔了”，这样的孩子心理承受能力很差，现在她是一名强迫性神经症患者。

此外，还有自暴自弃，抑郁悲观；没有伙伴，孤独寂寞；追求完美，自惭形秽等。总之，有不少孩子都不快乐。因此，孩子如果产生厌学情绪，大多数都不是因为贪玩，也不是智力有问题，多是因为学习以外种种使他们不快乐的事情，影响了他们的学习兴趣。

○ 个案分析

人的情绪和情感存在着“两极性”，即积极的与消极的。当我们的心理需要得到满足时，就会产生积极高涨的情绪，否则就是消极低落的情绪。现在这一代的中小学生，他们的父母在童年时是很快乐的。那时虽然物质生活匮乏，但孩子几乎没有什么升学、就业、竞争的压力，可以弹球、玩沙土、捉蟋蟀、爬树、下河游水、跳皮筋、跳房子等。

但现在的孩子却成了“没有童年”的可怜的一代，课内外的学习如山一样压下来。他们被“关”在单元房中，较少户外活动，独生子女又没有游戏伙伴，也缺少自由空间，被电视、电脑所控制，或被家长的清规戒律所约束。导致孩子不快乐的罪魁祸首至少有三种因素，即自我封闭、缺乏活动、脱离社会。

在近年来的心理咨询工作中，发现以下是中小学生常见的心理问题：

①心理幼稚综合征。有些小学生在入学前缺少适应性训练，在上课时乱说乱动，有的一年级学生可能在上课时随便说话、唱歌、吃东西、喝水，要求上厕所，甚至随便跑出教室等。

在初中学生中，也有些孩子存在心理发育滞后的幼稚表现，将小学生的某些弱点带到了中学。

在课堂上不能自觉遵守纪律；不会安排学习时间，不能完成作业；在数理化和外语课程上问题较多，不能较快地掌握学习方法。有些孩子生活自理能力和独立性较差，不关心集体，不符合中学生的心理行为特征。

②中考、高考后遗症。在高中学生中，因中考成绩较差而自卑、自责的问题较多，有些择校学生怕同学瞧不起，自己就会产生沉重的心理负担，而表现出处处不适应的状况。

大学新生的问题，多是因考取的学校或专业不够理想，有的是父母给填的志愿，因成绩与自己的期望值相去甚远而心理失衡，心情压抑不快。

③学校恐惧症。有些中小学生因为对学习生活不适应，而产生“学校恐惧症”的表现，尤其是家人对孩子过分溺爱，孩子见的世面较少，成长环境封闭，则更容易发生此类问题。

④人际关系适应不良。在大中学生中，因同学关系、师生关系适应不良，最易产生情绪波动。住校生在生活习惯方面矛盾较多。有些高中生和大学生，因与异性朋友交往问题而相互忌妒，互不服气，这些都会影响学生间的相处。

⑤自信心缺失。有的中小学生因为一两次考试成绩不够好就灰心丧气，父母也对孩子的前途丧失信心，认为孩子没出息等。因班、团、学生会干部落选，也常影响学生的自信心，尤其是重点中学和大学，本来就强手如林，多数都当过班干部。大中学校常对新生进行摸底考试，本是很正常的学习过程，但有的学生因为没有考好也会变得忧心忡忡，从而失去自信心。

学习成绩不够出色的孩子不等于不思进取，而是有他的个性而已。也可以说，学习如赛车，有的人不适合参加赛车，那么你就搞其他项目。

学校学习和体育比赛有相似之处，在汽车拉力赛和诸多比赛项目中，有些选手被中途淘汰，这都应该看做是很正常的事情，因而“重在参与”的奥运精神就非常重要。一名运动员总是在经历各种比赛过程中积累经验，最后才可能创造国家、世界纪录。但是，又不是人人都可以得冠军、破纪录的，没有得冠军的运动员，同样是值得称赞的。孩子的学习也有类似之处，不可能每个人都能上重点学校，但每个人都可以成为社会的有用之材。

但是，学习又需要循序渐进，极具个性化的特点。缺乏成长乐趣的孩子有许多不正常的表现，如身体发育落后于同龄人，心理与情绪的混乱，行为上好走极端；自我封闭，缺乏交往能力，脱离同龄伙伴群体；思维偏执，缺乏灵活性和创造性，社会适应能力障碍，易患各种心理疾病，甚至产生人格的缺陷等。因此，没有成长乐趣的童年是人生的悲剧，并且会影响一个人个性的成熟和以后的发展。

○ 建议与谋略

快乐是一切积极情绪的总称，它包含着热情、激动、幸福、满足、惬意、自由、潇洒、自在、高兴、自豪、自尊、自信等一系列的“阳光情绪”。快乐有益于儿童、青少年的身心健康，有益于他们的学习与成长，快乐是孩子成长中的“精神维生素”和“钙质”。其实，许多孩子在勤学苦练中也能够找到自己的乐趣，而不感到多么的痛苦。

例如通过坚持体育锻炼得到精神上的放松；学习时用形形色色的“转笔”花样调解情绪；在浴室或卫生间大声唱歌，获得紧张焦虑的解脱；到公园、图书馆复习功课，以躲避父母的“干涉”；与同学一起学习，构成同龄人群体的屏障，以抗拒外界的干扰；通过上网扩大知识面，逃避外界的喧嚣；边学习边听音乐，以构筑自己的“独立王国”……他们认为学习本身虽要勤学苦练，若是符合兴趣的，就一点也不觉得苦，而最苦的是精神上的压力，还有付出许多努力而得不到家长的肯定和信任。

成长是需要乐趣的，这不仅是一个人的正常心理需要，而且对于成长中的儿童、青少年来说，有乐趣是一种积极的情感需要和良好的个性倾向，也是心理健康的标志之一，乐趣对孩子简直是比玩具和糖果还重要的精神食粮。苦也要学，乐也要学，如何教孩子苦中求乐呢？

所谓乐趣，从心理学上来解释有以下含义：

①良好的心境，经常是乐观的、快乐的，对生活充满希望；

②具有调适自己情绪的能力，能够不断排除和摒弃抑郁、焦虑、紧张、恐惧等消极情绪，基本保持情绪的平衡；

③有强烈的求知欲、好奇心，有探索外面世界的兴趣，有自觉学习的欲望；

④有个人的、有益的兴趣爱好，并能够使其稳定发展。

例如，某重点学校的一名男生，他的父母是有名的医生，他们对孩子的期望值很高，要求很严格。这男生从上初一开始就患了心理疾病，恐惧症、焦虑症、抑郁症、考试综合征等都曾诊断有过，他对有名的心理医生和他们的咨询、治疗方式都了如指掌。而笔者接待过这个男孩后，告诉他父母，他的心理障碍主要就是“意志障碍”，因为学习上有些吃力，怕父母责备，于是宁愿以心理疾病来“保护自己”。对这样的孩子，父母应该这样做：

①帮助孩子下决心脱掉自己“有病”的外衣，从观念和行动上回归“健康人”；

②引导孩子冲向运动场，坚持体育运动，唤醒自己的无限潜力，逐步恢复大脑的活跃；

③不要勉强学习，时间从少到多，学会“不头痛，很轻松”的科学学习法；

④解放自己，积极参与集体活动和人际交往，接受新的信息；

⑤挑战自我，重新建立自信，对自己、对别人都说：“我能行！”

⑥肯定自己，至少列出自己的10个优点，制订表现自己的长处的实施计划。

父母要相信，孩子在青春期其智力和能力可达到前所未有的高峰，男孩是更有后劲的。不要被一些暂时的现象吓倒，更不要瞻前顾后，要鼓励孩子以不服输的精神，坚持不懈地锻炼自己的毅力，向着目标勇敢地冲锋陷阵。

所谓“读书苦，苦读书，读苦书”和“读书死，死读书，读死书”的时代已经一去不复返了，作为父母应体谅孩子学习的苦衷，给他的自由空间大一些、再大一些，以帮助孩子摆脱更多的苦涩，增加更多的生活情趣。这样孩子就可能真正做到“读书乐，乐读书，读乐书”，并且是“读书好，好读书，读好书”了。当您的孩子聚精会神地在电脑上“冲浪”时，请您与他共同分享信息时代遨游地球村的欢乐吧！

亲子双赢：父母——生活感悟人生经典心情好

孩子——艰苦奋斗吃苦耐劳精神爽

peiyongchenggonghaizi40zhao

14

慢谈细说 情感血缘，知子莫若父母

第14招

快速亲和，天伦之乐，以心换心，共情话多；

敞开心扉，慢谈细说，心病化解，亲子同贺。

在社会实践中，我们对于任何人际交往都是难以回避的：对领导和上司要彬彬有礼、毕恭毕敬；对知心朋友可直言相告、畅所欲言；对工作的伙伴搭档可实话实说、开诚布公；在竞争对手面前，有时则要和对方唇枪舌战、斗智斗勇……可是，如今许多事业上的强者却不知如何面对自己的孩子，与孩子说话谈不进，缺乏共同语言；孩子不愿听父母说话，亲子关系变得别扭、陌生、不畅通。

父母与孩子之间需要一种“快速亲和”的能力，并且父母应该是积极主动的，是不是可以借鉴社会人际交往的原则，并且应该比那做得更自然、更省力、更细致入微？因为血缘关系使亲子之间具有天然的吸引力、亲和力，在家庭教育中要充分利用这一点。

其实，这只是一层窗户纸的道理，一点就破。在人群中学会“快速亲和”，起码要注意以下几点：一要了解别人的心理需要，尽量做到雪中送炭；二要善于掌握时机，有“眼力见儿”；三要细心体察他人情感，有个“机灵劲儿”；四要舍得主动出力，做群体需要的事情。

那么，父母如何与孩子“快速亲和”呢？

○ 典型个案

孩子特别反感那种“假正经”的父母，他们净说些理性十足的大空话，但却从不关注孩子的内心和现状，也不能帮助孩子解决什么难题。现代父母应该勇于面对孩子遇到的现实问题，亲子之间对话不应有什么禁忌，尤其孩子进入了青春发育期，家长也不要对某些问题神经过敏，而应心平气和地与孩子讨论他们关注的问题：学习问题，师生关系，性发育，异性交往，时尚兴趣等。无论什么都是可以谈的，不要有什么框框。

暑假的一个晚上，14 岁的小希又开始和爸爸说悄悄话了。

“我们班的男生在一起讨论过‘爱与喜欢的区别’，但都说不清楚，爸，您怎么看？”

“我认为，喜欢只是一种好感，但还是不够稳定，是友情范围的，不排斥他人的，你可以喜欢几个人，也可因时间、地点、情景而有所变化，这是青春爱慕期的显著特点。而爱就更深了一层，是通过时间考验、诸多选择和比较之后，成为唯一的、无可替代的、专一的‘爱人’，并且双方都是近乎相同的感觉。中学生，恐怕还不能随便说出‘爱’字吧?”

“爸，这是您和妈妈的亲身感受吧，那我相信您！有一个男生追一个女生，可那个女生并不喜欢他，但那个男生还是不放弃，这个问题怎么解决呢? “

“那么，这个女生就要学会‘冷处理’：可以郑重地向男生声明，自己并不喜欢他，请他自重；借助别人转告他，不要再穷追和纠缠；若是前两种方法不起作用，就可以求助于老师和家长。再说，那个男生也该有自知之明呀，别老缠着人家了！”

“爸，我暗恋一个女孩，我该不该把这感情表达出来? 她如果拒绝了该怎么办?”

“是吗? 我儿子真长大了！如果你害怕她拒绝，我建议你就最好不要挑明。不表达还好相处，一旦表达出来反而使自己和对方都感到拘谨、尴尬，若被拒绝，也会使自己痛苦和紧张。最好的办法是，对有好感的女生，给她一些信息，比如微笑、主动关心和帮忙，在集体活动时找机会和她多接触……你们在一个班有很多有利的条件，要好好利用起来啊！”

“对呀！这样是不是会有一种心灵上的默契，是很微妙、很美好的体验吧?”

“我在上高中的时候，曾经这样做过。你能够想象一下、描述一下吗?”

“我想，那应该是一种心照不宣、神秘的默契吧，一定是很酷很酷的感觉吧?”

“好儿子，真聪明！你尝试一段看看怎样吧。”

“如果我现在有一位女朋友，是否能把现在的‘爱情’看做永远呢?”

“你这样的想法会不会太幼稚? 因为社会变化太快，她会变，你也会变，过早‘订终身’不成‘娃娃亲’了吗? 怎么能适应现在的时代发展呢? 现在跟我们年轻时不同，我们那时都是穷光蛋，大家也都一样娶妻生子。可现在不同了，女孩们眼光可高了，要豪宅、名牌汽车，要有钱，不然怎么有较高的生活质量呀? 我看人家女孩要的不过分，称职的丈夫得有一份事业，能挣钱，你说是不是呀?”

“哎哟，老爸可真会说，我心服口服了！过两天再谈，我还有好多难题呢！……”

○ 个案分析

现代社会，随着生活节奏的加快，从稚气未脱的小学生到银发老人都难免会有烦心的事，处在成长发育中的青少年更是烦恼多多。曾几何时，“别理我，我很烦”被印在人们的文化衫上。看见一些人胸前背后都是“烦”，不禁觉得好笑又可怜。

涉世不深的孩子也有烦恼吗? 确实是有的。因此，父母要关注孩子的喜怒哀乐，并及时引导他们摆脱烦恼，快乐起来。在父母与子女之间，最好形成一种经常交谈的良好习惯，相互之间有一种信任，就可以慢谈细说。与孩子谈心，不要有什么禁忌，什么都可以说，这样才能防患于未然。

父母应该养成一种习惯，经常与孩子促膝谈心，这样就可以及时、深入地了解孩子的喜怒哀乐，彼此容易沟通。而要对孩子加以疏导和帮助，特别应注意以下几点：

①谈孩子关注的各种话题，而不是只与孩子谈学习的问题；

②喜怒哀乐，人皆有之，无论发生什么事情，父母都应心平气和，让孩子充分地表达，话题广泛，不应有任何禁忌；

③通过积极的“互动”，使父母和孩子双方受益；

④交谈是相互的，亲子关系要成为知心朋友关系，就从畅所欲言做起吧！

○ 建议与谋略

言语是人们进行交际的主要工具，是一种力量，也是一种睿智，也可以说是一种心理战术的武器，还是实现亲子关系畅通的重要手段。父母们应掌握与孩子对话的一些言辞策略。

言辞策略的技巧有许多许多，比如：

①从侧面委婉地说看法，避开正面回答敏感问题的“避重就轻法”；

②不直接说短论长，而是称赞成绩、隐含批评的“褒中藏贬法”；

③对非原则问题引起的争论，可以含糊其词的“减弱锋芒法”；

④对孩子多褒扬、不贬低的“扬长避短法”；

⑤有明显相悖的观点、意见时，多找共同点，以期尽可能多共鸣的“求同存异法”；

⑥亲子之间尤其需要严以律己、宽以待人的“责任独揽法”；

⑦对孩子的现状不满意时，可鼓励他继续努力，争取达到理想境界的“婉言期待法”；

⑧对争论不休的问题，若是你已胸有成竹时，仍要启发孩子说出来的“大智若愚法”；

⑨当所论问题僵持不下时，你可以将孩子引向对别的问题的关注，以开阔思路的“声东击西法”；

⑩在自己十分被动尴尬时，或引开话题或自嘲，以避免被穷追不舍的“金蝉脱壳法”。

做父母，要学会与孩子对话的艺术。许多成功的父母在孩子的眼里不是“权威”，而是平易近人的朋友，这是一种无形的魅力，不是权威胜似权威，达到了一种“此时无声胜有声”的崇高境界。那么，他们的家教秘诀在哪里？我们可以总结几点规律，供父母们借鉴运用。

①聆听，诚心诚意。“嘴巴是由耳朵教出来的”，父母要耐心听孩子说话，孩子的每一句话都是有用的，是孩子的种种信息在教人们做父母，要保护孩子的童心和天性；

②交谈，畅所欲言。允许孩子批评父母，说出不同的意见，作为父母不要讥笑他的幼稚可笑，反而应该敬重孩子的童言无忌。保护孩子先天潜在的野性、刚性、逆性和憨性；

③分析，处事不惊。面对复杂的社会现实，成竹在胸，细心疏导孩子，启发孩子独立观察、分析人和事，用自己的眼睛看世界，用自己的头脑思考，让幼小的心灵走向成熟。保护孩子日益提升的宽容性和柔韧性；

④商量，心平气和。孩子的任何问题都是可以商量的，父母应避免使用简单粗暴和强制命令的方式，父母不要害怕与孩子“谈判”，父母通情达理，孩子就会彬彬有礼。要保护孩子的感性与理性；

⑤承诺，义无反顾。教育孩子言行一致，父母更要说话算数，诚信为先，对孩子以心换心，不可以有丝毫的虚假和欺骗，更不可随意“上纲上线”。保护孩子的诚实性和纯洁性；

⑥反馈，心心相印。对孩子的所作所为、问题和成绩都要愉快地接纳，父母要以民主、平等的态度对待孩子的“不同政见”，不可大惊小怪，但对孩子要加以理解和疏导，帮助孩子摆脱种种困境和困惑。保护孩子的灵性、真性和实性。

亲子双赢：父母——亲情无价融爱心血浓于水
孩子——情商神圣爱父母情高于天

peiyangchenggonghaizi40zhao

15

明知故问 亲情互动，问答有方避免孩子说谎

第15招

诚心坦率，做人实在，处世策略，灵活放开；

应对万变，多样多彩，正视谎言，原则不改。

父母对孩子如何说话和交流，是一件大有学问的事情。如果能够针对孩子的个性进行有的放矢的交流，就会使家教及时和高效，并促进亲子情感的融和。

而家长们常遇到的问题：说教无效，言行不一；沟通障碍，叛逆心理；束手无策，丧失权威。要解决以上类似的问题，家长不妨采用“睿智提问”的方式来与孩子沟通。若父母能够巧妙地主动提问，可占上风，有益于了解孩子的真实心态。

美国作家梅尔·H. 说过：“所有的人说的谎——小谎、大谎、善意的谎——都是为确保社会安宁、心理舒适而采取的必要手段。我们需要以谎言掩饰我们对生与死、对许许多多我们不能理解、不能控制的事物的恐惧和焦虑。”

德国作家托马斯·曼曾说：“不要由于别人不能成为你所希望的人而恼怒，因为你自己也不能成为自己所希望的人。”

孩子常常因为不能达到家长与老师的要求而说谎，他们的幼稚和局限性也决定了他们可能因为对周边的事物、人物不理解并且又无能力控制自己和别人而说谎。若是能够理解孩子的内心，就知道孩子的谎言就是一种对现实生活的“迷路”。那么，请父母们多多引导孩子辨明前进的“方向”，学会识别各种“风标”，就能够懂得迷途知返。

下面的实例可帮助家长了解提问的技巧。

○ 典型个案

俗话说，一把钥匙开一把锁。如今的孩子见多识广，家长必须动动脑筋，找到合适的钥匙来打开孩子的心门，使他自己自觉地行动起来。

个案一　7岁女儿的“怠学”问题

一位母亲对7岁的女儿就“玩不转”了，她在家教咨询中说：“我女儿上二年级，她特别不爱写作业，写作业总是磨磨蹭蹭的，最后弄得很晚、没办法了才写。有几次时间太晚，怕影响她的睡眠，又怕被老师责罚，我就帮她写了。结果她就总把希望寄托在我身上，找各种理由拖延时间，一会儿说肚子疼，一会儿说头疼，好让我帮她写。可这样下去肯定是不行的，等于害了她，我该怎么办呢?"

个案二　如何探知儿子的小秘密

一位母亲在家教咨询中说："儿子上初中了。原来放学回来什么都跟我说，现在问他什么都不爱说。我无意中在他书包里看到过女生写给他的纸条，可是问他和女生交往方面的事情，他也是死活不说，还很不高兴，我该怎么跟他沟通呢?"

儿子长大了，已经处在青春期，他就会有自己的小秘密。父母要与他沟通，就要讲究一些方法。

个案三　孩子迷恋黄色网站怎么办

有一位父亲在家教咨询中说："我的儿子上初二了，以前他上网从来不关门，我发现他最近怪怪的，现在都特意把房门关上。有时我进去时故意不敲门，他会特别惊慌地切换页面。有几次我偷偷查看他的浏览记录，发现了一些成人网站的网址。青春期对异性产生好奇我也理解，但是现在网络那么乱，真怕孩子学坏，想跟他谈吧，我还不知道该怎么开口，一不小心说错了，还怕产生不好的反作用，我该怎么办?"

○ 个案分析

我国著名翻译家傅雷所著《傅雷家书》中，对于亲子间的真诚有十分精彩的论述：

"真诚是第一把艺术的钥匙。……有了真诚才有虚心，有了虚心，才肯丢开自己去了解别人，也才能放下虚伪的自尊心去了解自己。我认为一个人只要真诚，总能打动人的；即使人家一时不了解，日后仍会了解的。……绕圈子，躲躲闪闪，反而容易让人起疑心。你耍手段，倒不如光明正大，实话实说，只要态度诚恳、谦卑、恭敬，无论如何人家都不会对你怎么样的。我的经验是，和一个爱弄手段的人打交道，要永远以自己的本来面目对付，他也不会用手段来对付你，反倒会看重你的。”让我们记住傅雷先生的话，同时相信，父母的真诚定会换取孩子的真诚。

两代人之间有代沟是很正常的，因此更有必要坦诚地进行交流，这就需要一座跨越代沟的桥梁。建立在尊重和信任基础上的提问，就是很好的语言桥梁。

气象台要了解天气的变化，就要放出带有探测器的气球，以便反馈云层的变化趋势和各种第一手的资料。父母单向的说教就像“老农看天”，只凭经验和猜想难免出错，而主动向孩子提问，就会有与探测气球同样的作用，能够“套出”孩子的真话，可收获准确的信息，再与孩子沟通起来就比较容易，可以说到点子上，使孩子能够心服口服了。

德国谚语说：“两重的真诚，其价值等于一吨重的聪明”。那么，在家庭教育中，这两重的真诚有多重的含义：一是家庭中夫妻之间的真诚；二是作为父母必须俩人都对孩子真诚，没有半点的虚伪和敷衍；三是父母与孩子两代人之间的相互真诚。

真诚是一种心灵的开放，在亲子关系中最需要的就是诚心、坦率。

○ 建议与谋略

针对个案一，可通过不断地提问，促使孩子积极行动起来。

①通过比喻和孩子理解的现象提问。妈妈做饭就是“家庭作业”，我不做饭行不行呀？我给你写作业，你来做饭好吗？爸妈不工作、不挣钱行吗？

②学习兴趣可通过游戏方式来培养。将孩子的学习内容编成简单的故事，向女儿提问，可先用口头方式来回答作业中的问题，并告诉她：你能够说出来，再写下来也很容易呀！

③运用分段学习法来完成作业。每天放学后，问女儿有几项作业，将作业分为几段来完成；各段之间可让她玩5～10分钟。使她感到每段作业并不长，又益于培养她的时间观念。

④用新的方式进行学习。例如“大声思维”学习法：让孩子把做作业的过程大声读、说出来，同时录音或是摄像，可引起孩子的兴趣，然后播放给她看，并提问让她进行自我评价。这又可称之为属于女儿的“广播电台”或“电视台”。

⑤培养独立意识和良好的学习习惯。关键是家长不能造成孩子的依赖性，同时让孩子学会做家务事，生活自理；孩子不是“学习机器”，首先要让孩子学会如何生存和做一个受人欢迎的好人，孩子就会意识到自己的责任，变得懂事和自觉。

在个案二中，父母可尝试这样做：

①提供青春期异性交往的书籍和资料。引起儿子的兴趣，讨论书中的故事和观点，进行有针对性的提问：如果遇到这件事你怎么想？会怎么做呢？

②与儿子广泛谈论对女生的看法。不要逼问儿子与哪个女生交往、谁写过纸条，而要讨论：对不同类型的女生怎样评价？男女生之间有什么有趣的故事吗？男女生怎样交往才好？

③可允许儿子邀请女生到家里一起学习、聊天、过生日等，也允许儿子多参加同学之间的活动。有了宽松的环境，就有了沟通的话题：这个活动你喜欢吗？感觉怎样？你喜欢哪个女生的表现？你希望男女同学举行什么样的活动？

④将父母或亲朋好友的青春期故事讲给儿子听。可提问：当时他们为何那样做？如果这件事发生在现在，你会怎样对待？

青春期的中学生，男女生之间应该是大方而潇洒地进行交往，可建立像兄弟姐妹一样的关系，以集体和小组活动为宜，而应尽量避免“二人世界”。要让儿子接受这样的观点，就要通过良好的心理沟通，使亲子之间建立相互信任的关系。

而对于个案三，也是当前不少父母会遇到的。作为家长，既然已发现了问题，就不能够回避。但这并不意味着一定要批评和惩罚孩子，也不是要禁止孩子上网，更不要给孩子压力或扣帽子，而是必须利用这个机会，与孩子认真讨论并制定上网的规则。

①提问题。要郑重其事地与孩子交谈，可用“家庭会议”的方式，全家人充分发表意见。

②巧提问。可向儿子提问：在成人网站上你看到了什么？你看后有什么感想？为什么网络上会有这样的网站？你看了有什么收获吗？还是会有什么负面影响？

③多交流。全国已经查处了几十批低俗网站，问问儿子为什么要这样做？中学生上网应注意什么事项？怎样抗拒网络上的不良诱惑呢？

④有措施。要制定上网规则，全家人都遵守。应选择什么网站？用电脑和网络做什么？不能做什么？上网的时间和内容如何控制？上网时为什么不能关门？

保证儿子上网的公开、健康、安全是父母作为监护人的责任。如果有可能，最好电脑不要放在孩子的小房间里，放在客厅、书房或成人常可看到的地方更好。

向孩子多多提问，就是通过调查研究掌握发言权。提问是解决问题的钥匙、桥梁和探测气球，它使父母们掌握了家庭教育的一种新的思路和实用方法：和颜悦色多提问，亲子沟通情深深；有的放矢切中要害，睿智思辨启发自省。

亲子之间能够“对话”，益处多多。孩子要回答问题，必须通过自己的认真思考；家长要有心理准备，还要有新招应对“兵来将挡，水来土掩”。

亲子之间有争论也没有关系，可锻炼孩子的口才，让孩子敢于辩论又可培养其思维能力。亲子互动也可促进家长的学习和思考，有助于建立父母的权威。

亲子双赢：父母——信息为先心明眼亮决策准

孩子——诚实面对父母眼睛成长快

peiyangchenggonghaizi40zhao

16

顺应法则 顺水推舟，是心理沟通的有效方式

第16招

顺其所思，与其所需，同其所感，励其所动；

投其所好，扬其所长，助其所为，促其所成。

在古代的“三十六计”中，顺水推舟是一种应变手段，在猝然发生的事变中，能利用此种矛盾，站在主动地位，因利乘便，出敌不意地向其进攻。用句武林术语说，就是“连消带打”或“四两拨千斤”。当然，运用在战争中，顺水推舟是恶意的应对，有“以其人之道还治其人之身”的意思，而运用在家教中，却是机智的、善意的。

“现在的孩子为什么逆反心理那么严重？孩子怎么不爱理睬我？我犯了什么错？孩子为什么越来越不听话？”——这是在家教心理咨询中许多家长经常询问的问题。

笔者作为心理医生，也常常问各位家长：“您知道孩子心里在想什么吗？您认为孩子是不是总是错的？孩子愿意把心里的秘密告诉您吗？”而家长们的回答常常是否定的。

如果父母能够“顺应”孩子的想法和做法，并以这里为起点，会令孩子始料未及，因为孩子往往不会相信家长会同意他的想法和做法吗。凡事就怕认真嘛，当父母认真地与孩子讨论他想做的事情时，他才会冷静下来思考：我究竟要做什么？到底能否成功？这是不是一件荒唐事？他自己就会醒悟的，尤其对于叛逆心理严重的孩子更会有奇效。

○ 典型个案

父母的困惑：孩子与家长的想法背道而驰，高考在即，时间紧迫，无法与孩子沟通。

高二男生扬，迷恋绘画，希望能去日本学习动漫制作，因父母不支持他的想法，目前严重厌学，学习成绩下降。他说：“我从小就喜欢绘画，讨厌学校的学习，现在学习压力太大，绘画需要较多的时间，与准备高考有很大的矛盾。我知道国内的美术专业院校很少，也很难考上，所以也不想考美术院校。但我想现在就去学动漫，这是我最喜欢的行业，如果现在不去学动漫，等我大学毕业就太‘老了’，还能学吗？去日本学动漫，我家的经济条件也能承受，但父母和亲友们都反对。他们要求我考个名牌大学，说做动漫不是个正经职业，还是高学历最重要，他们的要求我不能接受！”

扬的母亲的观点：“儿子目前在一所重点高中上学，他的学习成绩一直是名列前茅的，完全有能力考上名牌大学。他想去日本学动漫，那是一时心血来潮，简直是天方夜谭的事，我们不会同意他去。日本是个什么样的社会？他去了会不会学坏？他画动漫只是业余爱好，跟专业人员没法比。如果爱好绘画，可以报考与绘画有关的专业，如设计方面的专业也不少。现在不上大学怎么行？将来可怎么办？他现在不想上学，主要是怕苦、厌学，不能纵容他。可我们家长说什么他都听不进去，他爸说，如果扬不好好学习，考不上大学，就让他从家里滚出去！家里不会养他白吃饭！”

○ 个案分析

无数事实证明，兴趣是行为的先导，兴趣是最好的老师。在现实生活中，还有喜欢踢足球、游泳、田径等体育活动的孩子，喜欢写小说、唱流行歌曲、演小品的孩子，喜欢小制作、迷恋“玩”电脑的孩子等，都常被家长和老师称为“贪玩”，认为他们不可救药。家长们应考虑的是，后生可畏，不可小看也。您发现并支持一个孩子的有益兴趣，您就保护和培养了一个天才。例如扬想学动漫的理想并非荒诞，我国非常需要这方面的人才，不应打击他的积极性和兴趣，应引导他理智地考虑自己的优势和弱点，而不是对他的理想一概否定。

父母若是按照自己的意愿对孩子管得太多太细，就意味着将成人的意愿强加于孩子，是一种“过度教育”和“强行塑造”，是不顾及孩子心理需求的家教方式。更应指出的是，像扬这样的中学生已经是一位“准青年、准成人”，若还不允许他在心理行为上走向独立，就违反了他的发展规律，他的天性、愿望和目标就这样无情地被“亲情”逼进了“死胡同”。

尽管父母已感到不对劲，也大为困惑，却依然未能进行“换位思维”。设身处地地想想孩子的切身感受吧！孩子在这貌似“严格”实际上极为冷酷、残忍的氛围中挣扎，失去了自我，也失去了对生活的兴趣和对未来的信心与希望，完全处在迷茫和失败的体验之中。

其实，对扬这类的孩子，应该对他说：“你有巨大的潜力，不必再依赖父母。天高任鸟飞，海阔凭鱼跃，你要争取自己放单飞了……”这样他就会积极行动起来：选学校和专业，出国签证，高考是否放弃。将一切问题让孩子自己去思考和实施，并制订出严格的时间表，做好多样的准备。通过实践，若有行不通之处，撞了南墙，他自然就会回头了。

只要能够创造这种两代人之间无话不谈的心理氛围，就是父母在家庭教育方面最大的成功。孩子的想法和做法不一定都是错的，父母的意见也不一定都是正确的，许多做法和想法是否正确很难下结论。当父母与孩子有分歧时，也同样要给他实践的机会，通过孩子自己的亲身体验，他自然可以得出正确的结论。

这就是所谓“逆向疏导”的威力。当然，大是大非的问题父母是要把关的，但是日常的学习和生活小事，还是多让孩子自己来选择和作决定吧。有时，孩子自己虽然走了一点弯路，碰了一些钉子，但却可以真正矫正孩子某些偏颇的言行，对他的成长是大有益处的。

○ 建议与谋略

心理学的大量研究证实，一个独立、自在、充满自信心和感到内心舒适的人，才是心理健康的人。当孩子陷入迷茫时，父母应进行一些反思，发现问题的症结，便可以点拨孩子的言行，引导他走出成长的迷途。针对上述个案，下列的建议可帮助家长与孩子更好地沟通。

第一，顺其所思，与其所需。理解孩子想法的由来，并合理满足他的正常心理需要。例如，对高二男生扬的引导可以是这样的：绘画的长处对未来的发展是有利的，但要从自己面临的实际问题出发。作为父母，还应该做到以下几点：

①不要否定孩子在绘画或动漫等方面的兴趣；

②讨论有可能通过什么途径来实现其理想；

③积极收集信息，了解国内外相关专业和院校的情况；

④向画家、老师等内行人请教，孩子的情况如何发展为好。

这样父母就有足够的“弹药”来应对孩子的挑战，而不是各自坚持自己的观点。停留在不断“打嘴仗”上，既耽误了复习时间，又不能解决任何问题，只有积极行动才能使孩子的理想更接近现实。

第二，同其所感，励其所动。亲子之间相互的情感交流和理解是真诚对话的基础。

①肯定孩子的长处和优势，为他的自信心加分，如学习基础好不松懈，高考可成功；

②去国外学动漫不一定是最佳选择，有许多不确定、不可知因素，要尽量了解清楚；

③鼓励孩子不放弃兴趣，并讨论和制订计划，每天有适当的时间坚持练习绘画；

④父母在与孩子讨论问题时应真诚坦率，但不要说伤害孩子自尊的“狠话”。

高高在上、冠冕堂皇、言不由衷、装腔作势，这样的父母是最令子女反感的。有的中学生说，父母教育我就像是“和尚念经”老一套，又像是“复读机”，成天重复着老师说的话，就知道让我们学习、考高分，根本不管我们心里在想什么！

称职的父母要有勇气面对孩子的挑战，父母要对孩子的情感感同身受，父母们要让自己“透明”起来，对孩子说真话、讲实话，并激励孩子正视自己面临的问题，父母要避免走极端，冷静地处置，孩子才能真正体会到父母的良苦用心，有所领悟，两代人才可以真正实现心灵沟通。

第三，投其所好，扬其所长。帮助孩子认识自己的长处和优势，有效利用现有资源。

①高考是检验人才的良机，只要学习基础较好，坚持不懈，是容易考上理想的大学的；

②不要把优势浪费掉或变成劣势，而要善于抓住契机，运用不同的途径来实现理想；

③了解与绘画有关的专业和院校的具体情况和信息，使孩子有多种心理准备，无论是在国内学习还是出国学习，都要将可选择的专业和院校具体化，这样就可以准备得更充分一些；

④树立正确的人才观念，可以用成功人士的实例帮助孩子懂得适应社会环境的重要性。

扬长避短，人尽其才，可使孩子对自己有一个比较客观的科学评价，以便克服自身的冲动性、盲目性，增强对自己的责任感、义务感、理智感。

第四，助其所为，促其所成。支持孩子为他们的理想和目标而奋斗，但要务实，不空谈。

①要经常查询和了解与孩子兴趣有关的信息，例如国内外动漫事业发展的情况、从业人员的现况和要求、该行业的发展趋势等，以利于孩子对自己发展的定位；

②在如今开放的社会，成才的路是多种多样的，要了解多种可能性，而非唯一模式；

③经常与孩子讨论他的人生设计和规划，有益于孩子增强积极学习的动力；

④随着心理的成熟和对社会的了解，孩子的理想和目标会有所变化，

并且会更加的科学理智。

遵循以上的原则，扬做足了“功课”，他发现去日本学动漫需要多方面的准备，而且申请学校过程复杂，需要更多了解和选择……经多方了解，扬终于下定决心，眼前要努力准备高考，报考自己喜欢的“建筑设计”或“广告设计”专业。去日本学习要再看机会，争取在适当的时机再去实施。

做父母一个最大的难题和挑战就是，要及时认识和学习社会上的新事物，不要落伍于您的孩子，也不要低估孩子的潜能和追求。不要以为孩子的困境（由于父母的刻意束缚出现的各种问题）会使他的痴迷与追求稍有收敛，更不要对孩子的挫折和失败幸灾乐祸（采取训斥的办法）。

如果真正爱自己的孩子，父母们对子女就应该是扶上马、送一程！支持孩子的所作所为，帮助孩子走向成功吧！

亲子双赢：父母——育儿法则遵科学方寸不乱

孩子——身心成长循规律顺其自然

peiyangchenggonghaizi40zhao

17

严讲分寸 防绝对化，评价标准要客观科学

第17招

好非真好，做给人瞧，功利唆使，迷人心窍；

白璧有瑕，大浪淘沙，瑕不掩瑜，上进即佳。

教育应该是极具个性化特点的因材施教，但不少父母的口头禅是“恨铁不成钢”，根源是企图“立竿见影”，恨不得孩子在一个早上就变成天才，而其后果很可能就是造就了高分低能的“绵羊”，或是“英勇不屈”的反叛。

钢和铁各有各的用途，只要有铁的本质，又处理得法，都可以变成好钢。

人与人是有个体差异的，只要有良好的素质，未来都可成为社会的有用之材。

但要承认，任何天才也不是十全十美的，“白璧有瑕”是很正常的现象。

若是不能容忍孩子“白璧有瑕”，一味求完美，就可能毁掉了一块好材料，会形成与孩子的对立。最常见的家教误区，就是对孩子的错误、缺点都要进行“道德审判”，动辄“上纲上线”，难免会将孩子的问题看做十恶不赦。孩子不是罪犯，父母不是法官，可是，在家庭或是学校中，经常会“上演”各种“私设公堂”的悲剧。

工业化时代，最有生命力的教育是“标准化教育”；信息化时代，最有生命力的教育是“个性化教育”。而应试教育的弊病就在于，它想把学校变为一个“生产标准化人才”的“流水线”，让每个学生都符合统一的“质量”，就是要像生产流水线上的电视机、电冰箱一样的“合格产品”。这种“模式化教育”，如同要把每一个学生都从“灰姑娘”变成穿着同一号“水晶舞鞋”的“高贵公主”。就是说，要做一个让老师和家长都喜欢的“好孩子”。

但是，这个愿望能够实现吗？学生的个性哪里去了？

○ 典型个案

有关领导和专家多次谈到，中小学生不应有“双差生”的称谓。可是，学习成绩不够好的学生很难摘掉“差生”的帽子，至今在不少学校，比较顽皮的学生和留级生等都或明或暗地被称为“双差生、后进生”。另外，个性倔犟、不顺从老师、偶有“越轨行为”的学生也被列入“问题学生”行列。下面的实例是很常见的。

个案一 初二女生小珊对生物学、人体基因等有兴趣，经常买这方面的书看。可是，由于她学习成绩没有达到父母要求的前五名，她的课外书都被父母锁起来不让看。小珊愤怒之余离家出走，成了学校女生里出名的“另类女生”。小珊被找回来后说：“我不想争那个名次，父母再强迫我，我就不去上学，这个坏学生我当定了！”

个案二 高一男生小南爱好写作，但由于学习成绩不够好，多次被老师讽刺挖苦：“看你那成绩都倒数第几了？也不照照镜子，你是个当作家的料吗？”父母强制小南不许看小说等文学作品。他准备向报刊投稿的文章，多次被父母从电脑中删除，或撕毁他想邮寄的稿件。小南精神上受了刺激，患了精神分裂症。当他的同班同学上大学以后，他还休学在家。

个案三 五年级的小同是有名的“闹将”，班上 1/3 以上的同学都被他打过，为此老师三天两头请家长。小同的父母一从老师那儿回来，“家庭审判”便“开庭”了：“你怎么又打人？你干吗把人家的铅笔给踩折了？看你那样儿，长这么高了，什么也不懂！你说，什么时候改？你说，学习这么差，怎么办？你说，下次考多少分……”

小同撅着嘴一言不发，于是，他爸爸气得把他捆在椅子上，大声数着数儿打他，等待小同求饶。可是，小同咬紧牙关硬是不吭声，往往是妈妈躲出去了，爷爷或奶奶来替小同求情。

父母规定小同下学后必须马上做功课，不能出去玩，可是小同经常趁父母没下班时偷偷跑出去玩。他在外面一玩就忘了时间，还会时不时地与别人打架或闯祸。父母出于无奈，才带小同来找心理医生。其实，小同并不是没有其自身的优势，他在体育方面出色，数学成绩也总是名列前茅。

小同对心理医生说："我恨父母，他们天天'审'我，其实有时是老师冤枉我的，他们从来不听我解释，不许我说话！他们不讲理，我就不听他们的话，什么时候他们不再打骂我了，我就会改！"

○ 个案分析

在学校里要求太高，学生不能放松，回家后父母又有更高的期望，恨不能把孩子变成一架学习的"永动机"，而又是听话乖巧的孝顺儿女，那真是太难为孩子了。问题在于：

①家长的要求不切实际，孩子在家里的放松不等于是懒散；

②孩子的两面派和逆反心理多半是学校和家庭的环境给逼出来的，人总要有放松的时候，不能老是"绷紧"了；

③孩子力所能及的事情，如果家长坚持不替他做，他是一定会去做的，关键是许多家长抢着替孩子做了，反过来又批评孩子无能，这能让人服气吗?

④孩子的唯我独尊也一定是有根源的，因家长"以孩子为中心"，易将孩子宠惯成"小皇帝、小祖宗"，反过来又要求他毕恭毕敬地尊重别人，讲究文明礼貌，那真是天方夜谭了。

因此，奉劝家长们，别让孩子活得太累，还是应该多和孩子进行心理沟通，尤其应让孩子真正摘下"假面具"。在学校里是否做"好学生"并不是本质问题，但要做一个最好的"你自己"，尽力而为，学有兴趣，对自己负责；在家里是否"好孩子"，要看父母用什么标准衡量，但应学会生活上的自理、自立、自律，必须主动关心别人，少给别人添麻烦，做一个受同伴和社会欢迎的人，这是比什么都重要的。

类似的实例是心理咨询中经常接触到的。如果对这类学生进行一些剖析就会发现，他们的共同特点有以下几点：

①智力正常，甚至智商偏高；

②有自己独特的长处与个性；

③除了部分学生有心理障碍外，多数成绩不好的学生并非不爱学习，心理也正常；

④有时不能“适应考试”，或有偏科、厌学的问题；

⑤有人际关系方面的问题，师生关系、亲子关系或同学、伙伴关系有一定障碍；

⑥他们在能力、心智方面有巨大的潜力；

⑦学校对他们常有不公平的态度和不公正的评价；

⑧他们的优势和长处未被发现和肯定，很少受到表扬和鼓励。

如果对这些所谓“问题孩子”的偏见不纠正，那么他们就可能难有出头之日。未成年人还不能主宰自己的命运，他们所遭受的挫折也许会断送自己的前程。近年来，一些教育家说，“世上没有坏孩子”，这是一个教育观念转变的原则问题。

在进入信息时代的今天，我国教育还未改变“千人一面，万人一书”的状况，这样是不能适应时代发展的，只有正确看待不能适应应试教育的孩子，才能有宽阔的思路。一个人的成才要看几十年，家长不可过早下结论，要积极与孩子沟通，帮助他走出逆境，开始新的生活。

许多家长经常数落孩子的种种不是，罗列“罪状”，但并未认真分析孩子为什么有些表现不尽如人意。事实证明，“家庭审判”不利于孩子成长。家长“恨铁不成钢”的态度，多是以为为孩子“好”而往往不择手段，就像打铁炼钢不会掌握火候，常把“热处理”和“冷处理”弄颠倒了一样。这样很容易导致亲子关系的冲突不断升级，很可能引发孩子的反感、说谎和反抗情绪，甚至诱发青少年违法犯罪。

○ 建议与谋略

家庭教育应该学习那些科学家和艺术家的雕琢本领，学会“因材制宜”。最好多欣赏一些根雕、玉琢、石镂等各种工艺品，其中都是大有文章、深含哲理的。

请家长和老师们学一学“打铁”的本领、雕刻的技巧，如果您能够准确掌握孩子的心理“脉搏”，就能够煅造孩子的心灵，多一点理智的冷静，少一点情感的冲动。

近期，我国有家教专家归纳了“家长十二忌”，可作为各位父母在教育子女方面严格而讲究分寸的借鉴。

①忌娇惯溺爱。父母“爱子——溺子——误子”，往往是一些青少年步入歧途的三部曲；

②忌袒护纵容。孩子当众做错了事，家长明知不对，却以种种理由加以庇护和掩盖，其结果必然使孩子不能正确对待缺点和错误；

③忌哄骗。有些家长图一时安宁，不惜编造假话欺骗孩子，这样耳濡目染，容易使孩子效仿父母，养成虚伪不诚实的品格；

④忌讽刺。对孩子讽刺挖苦，以为可以“激发”其上进，结果往往会适得其反；

⑤忌苛求。父母对孩子“恨铁不成钢”，凡事都要尽善尽美，稍有不顺便大加训斥，使子女无所适从，思想感到压抑和束缚，时间长了孩子有可能走向反面，我行我素；

⑥忌放任。对孩子不加引导和教育，放任自流，任其所为，后果难以预料；

⑦忌打骂体罚。有些家长信奉“不打不成器”的信条，不能以理服人，而是打骂、体罚，结果这样不但起不到教育的目的，反而损伤了孩子的自尊心，往往使孩子和家长产生情感上的对立；

⑧忌注意力不集中。要让孩子自己选择适宜的游戏和运动，培养他们集中注意力、专心地完成一项工作的能力，训练儿童持之以恒的毅力，做什么事都要有始有终；

⑨忌缺乏适应能力。要训练儿童适应环境的能力，这样对孩子的发展是很有益的；

⑩忌无控制力。要训练儿童学会控制自己的情绪，包括控制自己不合理的要求和愿望；

⑪忌忧郁沉默。要培养儿童乐观幽默的性格，切忌郁郁寡欢；

⑫忌依赖。要让儿童经受一定的困难，学会克服困难。这就需要从身心（性格和体格）两方面进行磨炼。从小培养儿童独立的能力，是儿童心理健康的关键。

因此，笔者认为，父母对孩子的教育必须掌握“严讲分寸”的艺术。

亲子双赢：父母——多元多样树新型人才观

孩子——脚踏实地目标远可成器

peiyangchenggonghaizi40zhao

18

放羊计划 自律自立，是孩子成长的根本目标

第18招

放逐单飞，自护无畏，驱犊舍家，百炼千锤；

敢于放手，给孩自由，自立回归，路自己走。

孩子是在成长的过程中学会独立的，因而，要时时让他尝试“单飞”。孩子应该是勇敢的雄鹰，至少是一只可以“自己吃草的羊”，而不应是由家长牵线的纸风筝。

我国伟大的思想家鲁迅先生，于八十多年前在《南腔北调集·上海儿童》一文中对家庭教育问题做了如下精彩的描述和剖析。鲁迅先生写道：

“中国中流的家庭，教孩子大抵只有两种法。其一，是任其跋扈，一点也不管，骂人固可，打人亦无不可，在门内或门前是暴主，是霸王，但到外面，便如失了网的蜘蛛一般，立刻毫无能力。其二，是终日给以冷遇或呵斥，甚而至于打扑，使他畏葸退缩，仿佛一个奴才，一个傀儡，然而父母却美其名曰‘听话’，自以为是教育的成功，待到放他到外面来，则如暂出樊笼的小禽，他绝不会飞鸣，也不会跳跃。”

我们希望孩子成为有所作为的新时代的主人，不希望我们的孩子走向社会后会成为无用于人类的“废品”、脆弱而无生存能力的“易碎品”、社会功能缺失和无所作为的“残次品”、潜藏违法犯罪隐患的“危险品”。既如此，就需要使孩子有健康的内心世界。父母们能够摆脱世俗观念的束缚，将保护孩子的天性放在第一位，认识独立性对人一生的重要作用，认真学习教育子女的新观念、新方法，尽量避免孩子形成对成人的依赖性。

○ 典型个案

培养孩子的独立性，应首先从生活上的独立开始。近日的心理咨询热线电话中，有多名家长询问：孩子多大年龄应该自己睡一个房间？怎样使孩子适应自己独立的小天地？男孩已经10岁或12岁了，但还是依恋母亲，与母亲同睡一床。要求他自己睡一个房间，他说害怕，很晚也睡不着，家长因怕孩子影响学习和身体健康，只好一直迁就孩子，不知道应该怎么办。

13岁的小A是初中一年级的学生，虽然已经是半大小伙子了，可是每天都让爷爷骑小三轮车送他上学，因他一直“腿疼”有半年了。尽管医生已经告诉他，这是正常的“生长痛”，完全没有关系，只要注意营养合理，多锻炼身体，很快就会好的。但是，他仍旧每天喊疼，也不肯上体育课。

父母为了治好小A的“病”，给他吃了许多营养品，以致他的体重已超过父亲，达到70多公斤，而他的“病”仍未见好，因此母亲为了照顾他，一直和他睡一床。如今闹得全家不得安宁，由于一向被娇生惯养，小A对身体的一点点不适都难以忍受。肥胖的孩子多有心理上的原因。因为同学们嘲笑他太胖，给他起绰号“冬瓜”，近来他不肯去上学，只好来向心理医生求助。

○ 个案分析

如果深入了解这类孩子成长的家庭，就会发现：由于家长对孩子过分地保护和包办，孩子失去了锻炼独立性的机会，成了温室中的幼苗，成了永远也长不大的宝贝。我国本来就有一种家教误区，许多父母认为，孩子长多大也是孩子，父母有责任“管”他们。

但是，如何管才是正确的方法呢？这可是大有学问的。像小A这样的孩子是生活在“蛋壳”中的，那是父母或再加上老人为孩子营造了一个看不见的“蛋壳”，暖融融、甜丝丝、软乎乎，却忘记了孩子是会长大的。花盆里栽的树成不了有用之材，笼子里养的鸟飞不上万里长空。

这种教养方式的不良后果必然造成孩子出现以下问题：被动、依赖，无责任感；意志薄弱、胆怯，无安全感；情感脆弱、自卑，无价值感；自我封闭、恐惧，交往困难；人格病态、挑剔环境，适应不良等。

拯救这类孩子的唯一办法就是让孩子走出“蛋壳”！实际上并没有什么秘诀，孩子总要长大，家长快快动手打破那个自己精心营造的“蛋壳”吧，不要有丝毫的犹豫！从小学生自己走路上学开始，从自己独立睡一个房间开始，从洗一双袜子、刷一双鞋子开始，从扫地、洗碗、抹桌子开始，从向老师问好、与同学打招呼开始，从自觉学好功课、不偷懒开始，我们不能想象，一个从小缺乏勤奋习惯与动手能力、生活不能自理的孩子，以后能够进行高精尖的科学研究吗？一个动手能力差的孩子，能够进行科技创新吗？一个缺乏良好行为习惯的人，能够成为出色的企业家吗？一个性格懦弱、缺乏责任心的孩子，以后能够在宇宙空间站担当重任吗？一个生活技能欠缺的人，以后会有幸福美满的家庭吗？

由于父母、老人容易对男孩比较溺爱，大多数父亲工作又忙，母子之间就容易形成过于亲密的关系。如今一般家庭住房有条件了，孩子有了自己的小房间，父母感到孩子应该自己独立了，但往往为时已晚。有些孩子存在严重的“分离焦虑”，其表现是情感上对父母依赖性强，有明显的不安全感，自信心较差。许多父母不了解，这不光表现在晚上睡觉胆小怕黑，而是说明孩子的心理发育滞后，缺乏独立的个性，行为退缩。

当孩子进入青春期后，依赖性强的孩子就会表现出更多的弱点，如与同伴交往有困难、缺乏男子汉气质、生活自理能力欠缺，在学习和集体活动中缺乏健康的竞争心理，有的还出现严重的“考试紧张综合征”“学校恐惧症”“社交恐惧症”等。对父或母过分依赖，还可能导致青春期“性心理”发育方面出现偏离或性心理行为的变态。

中小学生每年放寒暑假，按说家长们可以松一口气，与孩子共同过一个愉快轻松的假期了。但孩子放假在家，有些家长反而更操心了，孩子在家庭中暴露出来的种种问题真是不可思议，既不符合他们的年龄，又可能影响他们今后的发展。有关问题可简要列举如下：

①孩子的生活独立性差；

②没有良好的卫生习惯；

③生活自理能力差；

④缺乏良好的生活习惯；

⑤很少主动做家务；

⑥自我保护能力差。

我们的孩子是怎么了？提倡素质教育好多年了，为什么有些孩子仍然存在这么多令人担忧的问题？造成这些问题的原因，不能不追溯到有些父母的家教观念上。

“独立性危机”是指孩子的个性发展被扭曲了、发展迟滞了。孩子失去了生活的目标，不知道自己的生存价值，不了解自己在世界上的位置，更不明白自己和周围人的真正关系。

○ 建议与谋略

按照大多数教育学家、心理学家的建议，最好是从孩子2、3岁即将进入幼儿园时，就应培养孩子独自睡一个房间，最迟也不应超过5、6岁。在学前阶段，孩子还没有学习的压力，在情感上也并不是很敏感，幼儿也需要较多的睡眠时间，养成孩子独睡一室的习惯并不困难。

上小学以后，如果孩子还不能独睡一室，可经下列三个步骤进行坚持不懈的训练：

①陪伴期。在孩子睡前给他讲故事、陪他说话，当他睡着后离开，夜间可看他一二次；

②疏离期。睡前陪孩子进行适当的体育锻炼，使其有一定的疲劳程度就容易入睡；尽量用音乐陪伴孩子，不关屋门，父母可在门外间断地与孩子对话，给他鼓励，但坚持不进入他的房间；

③独立期。让孩子制订计划，自己独立睡觉，尽量不麻烦父母，直至完全适应。

母鸡孵蛋21天，小鸡就会出壳。各种禽类、爬虫类卵生动物的蛋经过一定时间的孵化，幼仔就会破壳而出，而不长的时间后幼仔便可以独立活动和找食了。人类早已进化成最高级的灵长类智慧生物，还与“蛋壳”有什么关系呢？可是，在心理咨询中，让人看到了许多生活在“蛋壳”中的孩子。这是个“人造蛋壳”，却比任何动物的蛋壳都难以打破。

总之，要重视孩子独立过程中“分离焦虑”的表现，通过上述训练方式使孩子及早走向独立。这不仅是表面形式上的独立，而是为真正走向社会“放单飞”作准备，会对他的思维、行为方式与个性的成熟产生深刻的影响。

寒暑假一到，许多父母关注的多是孩子参加特长培训、补课、旅游、探亲、娱乐等，但很少有家长注意培养孩子利用假期增长他们的生活技能和独立性。当家长发现孩子笨手笨脚，什么事也做不好时，往往为时已晚，各种生活技能也是“童子功”呀！

有研究证实：阅读，能记住10%；听讲，能记住20%；亲身体验，儿童能记住80%以上。社会大课堂可以告诉孩子：为什么应该好好学习，学了知识有什么用处。

因此，建议家长重视孩子生活技能的培养，利用寒暑假的时间，可以制订一个“放羊计划”，教孩子掌握各种生活技能，学会生活自理。这个放羊计划可包括如下措施：

①小厨师。教孩子学做简单的饭菜，掌握一定技能后，“小厨师”可安排全家饮食；

②小保姆。家中如有老人或病人，教孩子坚持做些日常的家务和为他人服务的工作，这对培养孩子的生活技能和爱心大有益处；

③小钟点工。与孩子共同策划“家务行动”，可每周一两天让孩子充当“钟点工”的角色，通过做清洁、厨艺等家务劳动，培养孩子的生活技能和自觉劳动的能力；

④小账房。教孩子帮家里记录一些日用账，还可与成人一起去银行办事，了解一些理财的知识；

⑤小采购。带孩子去超市、商场和菜市场等，购物时给孩子挑选商品的机会。对于10岁以上的孩子，可说明要求，交给独立采购的任务，通过经常的采购来培养孩子理智消费的能力；

⑥小管家。让孩子了解父母的收入和家庭生活收支状况，给其一周或数周消费额度的钱，教孩子担当“管家”的角色，安排家庭日常消费和记好日用账等。

“放羊计划”并非放任自流，而是引导孩子学会独立自主、自律自立。如果父母工作忙没有时间，就给孩子请个“生活技能家教”吧，从生活习惯、卫生习惯、运动习惯、劳动习惯，到当家理财、消费购物、做饭烧菜、安全自护等，都应逐项实践。这样的坚持不懈，孩子一定会成长为独立负责、身手矫健、才思敏捷、身心健康的高素质人才。

亲子双赢：父母——呵护适度促慎独可放手

孩子——勇敢机智不畏难更神勇

peiyangchenggonghaizi40zhao

19

意志培养 士兵突击，经风雨历练方能成才

第19招

金的人格，打造自我，消除依赖，生命蓬勃；

意志薄弱，成长蹉跎，铁的纪律，练就正果。

人格，是人的第二生命。一个人要在世上生存，成就一番事业，必须有健全的人格。一个人的人格是在青春期走向成熟的时期，逐步自我塑造而定型的。怎样从一个幼稚的孩童成为真正的合格公民，面对您的孩子，父母可真要好好地思考与行动啊！

人格是人的心理特点的一种组织。这些稳定而异于他人的特质模式，给人的行为以一定的倾向性，它表现了一个由表及里的、包括身心在内的真实个人，即人格。而意志品质是人格的核心与骨架，自觉、果断、坚韧、自制的意志力是通过生活实践的磨砺塑造的。

从近年来家教咨询中发现的问题来看，不免使人担忧，笔者想提醒父母们注意的是，孩子的未来千万不能输在人格上！

我国著名教育家黄炎培先生主张，教育学生要有金的人格、铁的纪律。

○ 典型个案

孩子在成长过程中，他的心理上会有这样那样的弱点和不足，家长的责任是帮助孩子走向独立，走上可持续发展之路，而不能迁就孩子的弱点，也不能无原则地代替孩子做他自己该做的事情。下面的个案就是孩子意志品质薄弱的表现，可促使父母们思索更多的问题。

个案一　不成器的儿子

小 A 是父母年近不惑才生的独生子，父母自然视他为掌上明珠。小 A 长到 18 岁还从没洗过一双袜子，也没扫过一次地。当他高考落榜后，心情不好，就整日与一些不三不四的人厮混。父母要求他不要贪玩，不要学那些游手好闲的人，督促他出去找工作。

他却对父母说：“你们生下我就得养我、管我。怕我学坏，我不出去了，你们给我找工作吧！”父母给他找了工作，他却并不珍惜，干不了多久就不能适应，又回到家里坐享其成。

小A的父亲被儿子气得患了脑中风，62岁就去世了。如今，小A已过而立之年，仍旧一事无成，依靠年逾古稀的母亲微薄的退休工资养活，他今后可怎么办呢？

个案二　“好学生”变成不求上进的“懒”小姐

小B曾是使父母引以为自豪的聪明女孩，考试常在班上名列前茅。但小B上高中后不能适应重点中学的学习压力，成绩下降。父母又花钱将她转学到另一重点中学，但效果仍不好，小B终于休学在家。她每天晚睡晚起，穿着睡衣懒散地靠在沙发上，没完没了地看电视。

父母与她商量复学的事，她却提出种种“条件”。为了能让她上学，父母简直是有求必应了，但多次尝试复学都没有成功。而当她的同龄人考上大学后，小B却仍在休学。

父母将心理医生请到家里时，她却说：“大夫您别费心了，父母也不用操心。再上学我也没心思念了，我长得又不难看，以后嫁一个大款，就什么都有了！”一个昔日的好学生，怎么堕落到如此地步？

个案三　弱不禁风的“高材生”

小C在学校里常考第一，是人人称赞的高材生，可他瘦弱的身躯仿佛一阵风就会吹倒。这个从小体弱多病的儿子，母亲对他照顾得是无微不至，甚至为他单独开小灶，千方百计给他做可口的食物。考高中、大学也必须是离家最近的，以便母亲照顾他的生活。参加军训，小C因病请假。

可大学毕业后，小C要开始工作了，不可能总有母亲照顾左右，为此也常疾病缠身。亲朋好友建议他出国学习或工作，换换环境，也许能够好一些。凭学业和外语成绩，小C办出国手续并不困难。可到了国外，他的老毛病又犯了，不断地生病，两次出国都没能完成学业。出国来回机票再加上学费、医疗费，家里都已被他弄得几乎倾家荡产了。小C今后前景莫测，谁能治好他的“恋家病”？

◎ 个案分析

从上述心理咨询个案中可以看到，由于父母的教养观念和方式，由于个体身心成长的诸多问题，将会引起孩子的人格扭曲。到一定的年龄段，多半会造成孩子对社会的不适应，并进而影响他的发展，严重的就成为“社会残疾”者，成了身体健全却不能工作的“废人”，成为家庭和社会的负担。有的孩子“在家是老虎，出门是老鼠”，即俗话说的“窝里横”，就是一种因家庭过度溺爱造成的人格懦弱，很可能成为“衰退型人格”或“反社会型人格”。

我们所说的“金的人格”，其重要的标志就是，能够始终坚持不懈地学习和工作，真金不怕火炼。可用世界卫生组织所认定的心理健康的标准来加以概括：①智力正常；②心境良好，能控制自己的情绪；③有坚强的意志品质；④人际关系和谐；⑤能够能动地适应各种环境，主动地改造环境；⑥人格是健全和统一的；⑦心理发展与其年龄相符合。

意志是自觉地确定目的，根据目的的支配来调节行动，从而实现预定目的的心理过程。意志是人所特有的，也是人与动物的本质区别，是在后天的生活实践中，通过学习而获得的。

真正爱孩子的父母，应该成为孩子的精神支柱，给他勇气、力量和自信心，并且千方百计地帮助孩子成功。在上述实例中，三名学生的家长却扮演了动摇不定的角色，成了摧残孩子意志的“杀手”。要提醒父母们的是为了孩子的健康成长和成才，做父母的必须藏起您一半的爱！您的爱要恰如其分，只要是益于孩子成长的活动，就应尽量给他以鼓励和自信心，而千万不要扮演“消防队”的角色。

家长们常为孩子做事缺乏毅力而苦恼，的确，意志薄弱的孩子很难成才。可这仅因为孩子生来娇气吗？在心理障碍中被称为“意志障碍”的毛病总是事出有因的，而且一般都与家长对孩子的态度和教育方式有关。

○ 建议与谋略

电视剧《士兵突击》和《我的兄弟叫顺溜》的热播，使青少年们不得不思考：普通的农村男孩许三多，通过自己的努力拼搏成长为一名优秀士兵；而神枪手顺溜虽然想复仇，却宁愿牺牲自己的生命，也没有违反中日停战后的部队纪律。这是为什么？而实际上，这就是人格的成长和成熟。

不仅是部队的军人需要有纪律，每一个立足社会的人，都需要从小培养自己的纪律性，这样才能成为一个对社会有用的人。所谓纪律，其实就是社会运行的法制和规则。而现代青少年由于许多家庭物质生活优越，反而失去了某些锻炼人格与纪律性的机会。

培养孩子的纪律性，其实质就是意志品质的磨砺与培养，是一个“慢工出细活”的过程。在孩子成长过程中应抓住每一个宝贵的契机，使孩子体验意志磨炼的艰苦过程。为此，对家长们的具体建议如下：

①肯定克服困难的勇气。当孩子克服了生活学习中的某些困难时，及时给予鼓励和表扬；

②给予自主选择的机会。与孩子有关的事情，尽量让他自己做出选择和决定；

③敢于正视挫折和失败。坎坷与逆境是常态，要培养孩子承受挫折失败的能力；

④勇于改正自己的错误。孩子犯错后帮助他分析原因，鼓励他树立纠错的自信心；

⑤鼓励百折不挠的行动。面对失败不放弃、不气馁是良好意志力的表现，应肯定孩子；

⑥培养自强、自律、自制力。避免家长包办代替，帮助孩子学会自我控制和调适。

逆境是成才的“磨刀石”，经受磨炼和战胜逆境的过程本身，就是对青少年纪律性的考验。所谓"铁的纪律"，是一种靠诚实劳动和社会规则走向成功的能力，在现代社会也指一种严格的团队精神。团队的核心人物首先就需要一种表率作用，他自身的纪律性和人格魅力，是事业成功的先决条件。也许父母们会说，并非家长指使孩子去做一些违规违纪的事情，都是孩子自作主张，但要看到，某些越轨行为并非偶然，一定有它的根源。家庭中对孩子从小就要有一定的家规，凡事有言在先、约法三章，将纪律与规则变成孩子的一种日常的、自觉的良好的行为习惯，那么就不用家长再过分操心，而孩子也会自主自愿地做好，这才是家教的神奇威力。

亲子双赢：父母——真枪实战胜过唇枪舌剑

孩子——历练磨难拒绝夸夸其谈

peiyangchenggonghaizi40zhao

20

亡羊补牢 成长历程，错误和挫折是宝贵财富

第20招

前车之鉴，学习应变，后事之师，真知灼见；

亡羊补牢，犹未为晚，后发制人，生活体验。

台湾著名学者、佛学家南怀瑾在《谈历史与人生》中，有这样的论述："人生的第一步很重要，如果第一步走错了，就会永远地错下去。"作家林语堂先生也说："人生读来几乎像一首诗。它有自己的韵律和节奏，也有生长和腐坏的内在周期。"

家庭是人生开始第一步的地方，家庭是为一个孩子写上人生诗篇第一句的地方，因此，父母的所作所为可能主宰着孩子的命运。也有许多这样的实例：一是同一个家庭所有的孩子都非常出色，说明父母教子有方；二是同胞兄弟姐妹竟然走上截然不同的人生道路，可能父母在对不同的孩子的态度和教育方式上有差异；三是也有的家庭几个孩子都不争气，或软弱无能，或违法犯罪。有专家说，每个人的个性中，至少有50%打上了家庭的烙印。

家长们不能不思索：要给孩子什么样的烙印？对孩子的教育，必须是一步一个脚印，让孩子从小堂堂正正地做人。儿时的谬误，可能会造成"差之毫厘，谬以千里"的恶果，但在这之前，即应早早防患于未然呀！

教孩子自己选择和作决定，是父母引导孩子走向独立的一个重要阶梯。当孩子出现问题以后，采取"后发制人"的方式，也未尝不可，要允许孩子有一个思考、成熟的过程。

○ 典型个案

"这个孩子真不懂事！"初一男生小旸的母亲气愤地数落着儿子的不是："看他长得这么高，是个中学生了，可所作所为还那么幼稚。下了学不知道先做功课，一心只惦记着玩儿，玩电子游戏、听流行歌曲、看动画片，非得我催了个无数遍，才勉强做作业。作业也经常是错误百出，老师三天两头请家长，气得我血压都升高了。他自从上了中学，学习成绩一直下坡溜，他爸爸工作忙，本来累得够戗，一听他学习成绩下降，揍了他好几回。他不但不服气，还离家出走了三天，把他爷爷急得得了脑溢血。最近，他在学校又违反纪律，学校停了他的课，再这样下去可怎么办?”

小旸的班主任说：“我当教师快三十年了，头一回碰到这样的孩子。小旸明白时说话可在理了，可一犯起倔脾气，在课堂上就大喊大叫，有时还唱歌。我们班上许多同学都被他打过，家长经常来告状。我让他在班上念过三次‘保证书’，可往往是刚下了保证，又去闯祸。科任老师们认为，根据他的学习情况，最好留一级，不然学习会跟不上。”

“我不‘蹲班’!”小旸气呼呼地撅起嘴说。下面是笔者与小旸的部分对话记录：

“小旸，你才 13 岁，留一级没关系吧?”

“不行，班上同学大半是小学同学，我蹲班他们准得幸灾乐祸，会笑话我，我不干!”

“可是老师说，凭你的成绩你也得留级，班主任现在让你‘休学’是给你留点儿面子，就说你‘有病’，免得同学笑话你。”

“看我身体倍儿棒，谁相信我有病? 我不能留级!”

“好，我可以帮助你说服老师，让你去上学。那你现在该怎么办呢?”

“当然是好好学习，争取期末考试及格”。

“可是，你期中考试三门课程没及格，现在有把握吗?”

“那是我对老师有意见，没有认真复习。这回我努力，一定能考好，我说话算话。”

“你怎样做才能使老师、同学们信任你呢?”

“我说多少他们也不会相信了，只有看我的行动了。”

“那你怎样让我相信你说话算数呢?”

“那我就把自己应该做到的写下来，我签上名字，表示我一定要做到。如果我做不到，就是自作自受，只有留级了。”

“好，你写下来留给我，今后你和我保持联系，我有责任监督你。我还建议你每天写日记，想一些问题，也写下自己的表现，学会管好自己。

你愿意这样做吗?”

“我愿意。可是我也不明白，为什么有时管不住自己。”

“管住自己是一个学习的过程。小旸，你已经长大了，马上就是个青年了，是个男子汉了。管住自己没有什么窍门，就是要学会选择自己认为合适的行为，自己来决定做什么。”

“可我学习和生活上的事，都是老师和父母作决定的，从来不需要我自己决定什么。”

“中学生必须学会自己来选择行为和作决定了，你要锻炼培养自己的独立性。”

○ 个案分析

在心理咨询中心，经常接待像小旸这样的中小学生。他们本来并不笨，可是学习不好，又不守纪律；他们似乎懂事，但有时又表现得很不懂事。老师和家长很为这种孩子伤脑筋，却没有多少有效的办法可以帮助他们改变。于是，这类孩子常常被打入“另册”，成为所谓“双差生”。学校往往寻找一些理由让他们休学、留级、转学或辍学，他们的前途实在令人担忧。

而中小学生中的这些个例，其实都是很聪明的孩子，由于他们的过剩精力没有用在学习和有益的活动中，自然会在某些方面落后于同龄人。但是父母们常常用“学习”这个“紧箍咒”来束缚孩子，就像把大闹天宫的孙悟空压在五指山下一样，他还怎么施展本领呢?

像小旸的父母和祖父母，一向不让小旸与同龄孩子们在一起玩，怕他“惹事”，可是小旸一直心存不满。在家做功课时，他想尽办法要“逃”出去玩，因为家长没有教过他如何与同伴相处，所以他在学校和课外都不善于与同龄人和睦相处。可是说教和惩罚又能起什么作用呢？只会使小旸更加对周围人充满敌意，而他仍旧不知道如何约束自己和对待别人。

试想，《西游记》中的孙悟空，尚能够为唐僧取经降妖除魔，功不可没。如果对中小学生中的“闹将”，也懂得放手，启发他们自强自立，用他们所长，也一定能够收到意想不到的效果。教孩子自己选择和作决定，是现代素质教育的重要准则。

○ 建议与谋略

儿童心理学的研究证明，可在早期教育中，就开始培养和训练孩子自己选择行为和作决定的能力。在幼儿阶段，孩子就可以逐渐形成是非观念，能够学会凭理智和良心来控制自己的行为。在学龄初期，通过“养成教育”，可以使小学生在学习和生活上形成良好的行为习惯。这样当孩子跨入青春期时，就能够较快地树立起自我意识和独立意识，自觉地学习，有规律地生活，有良好的人际关系和更好的全面发展。

而像小旸这样的孩子，恐怕一直是由家长来替他选择和作决定的，反而让他形成了自己不思考、无责任感却又处处反抗家长的坏习惯。在学校里，他也依然延续这个“行为模式”，结果就成了令老师头痛的特殊学生。家长和老师只盯住孩子的毛病，却不相信他自己也可以思考，可以管好自己。另外，谁也不会否认，只有他们学会自己选择正确的行为，做出正确的决定，并自觉地去积极行动，才是唯一的出路。家长们当然应该努力引导他们走这条路。

出现小错不断的孩子，是其成长中的必然，其实也是一种宝贵的教育资源。孩子给父母和老师出了不少难题，也并非坏事，说明这个孩子并没有刻意地掩饰自己。孩子的错误和缺点只是其不成熟的表现，“亡羊补牢，犹未晚矣”，如果疏导得法，错误、挫折和失败都能够成为孩子宝贵的精神财富，对他的一生都是有益的。

面对比较顽皮的孩子，应先与他作心理上的沟通，然后给他自我管理的实践机会，再不断总结自己的体验，就会使其逐步学会自我管理。这个过程大致有如下几个步骤：

①坦诚沟通。引导孩子敞开心扉，亲子之间、师生之间真诚对话；

②明确目标。孩子对自己的优势、劣势要明白，这样就有了明确的努力方向；

③落实措施。有的放矢地制定孩子在学习、纪律、生活等各方面自我管理的措施；

④反复强化。逐步建立起良好的行为习惯，并不断加以强化，让孩子学会自我评价；

⑤奖惩分明。家长应态度鲜明，表扬和肯定孩子好的表现，批评其出现的问题和错误；

⑥增强自信。帮助孩子建立起自信心，父母和教师也应该给孩子信任和鼓励。

心理咨询的实践也证明，小旸这样的孩子是可以转变的。后来经历大约两个学期的努力，小旸从做小组长开始，学会了自我管理；后来确实多次接到小旸打来的电话："老师，我考试都及格了！""老师，我没有违反纪律！""老师，我已经升级了！"要相信每一个孩子，要给他们做出选择和决定的机会，给他们改正错误的机会，让每个孩子都健康成长。

亲子双赢：父母——挫败犯错不护短如打预防针

孩子——知错即改珍贵体验似催化剂

peiyangchenggonghaizi40zhao

21

权利回归 维权观念，树立自护和法律意识益终身

第21招

儿童权益，十分详细，法律条文，认真学习；

维权观念，牢记心间，时刻警觉，不可侵权。

一根弹簧如果长久受到外力的压迫，会失去弹性，我们的精神也是一样，若常常受到别人的思想压力，也会失去弹性。中国近代学者梁启超在其著作《过渡进化论》中写道：“自由者，权利之表证也。凡人所以为人者有两大要件：一是生命，二是权利。二者缺一，时乃非人，故自由者亦精神界之生命也。”孩子是与成人一样的独立人，同样是一要生命，二要权利。

但父母给了孩子生命，却往往不肯给孩子权利和自由，于是孩子失去了精神世界的生命。正如鲁迅先生在《南腔北调集》中所说：“拿一只小鸟关在笼中，或者站在竿子上，地位好像改变了，其实还只是一样地给别人做玩意儿，一饮一啄，都听命于别人。”

强人所难，非父母所为，如果弱化控制，使孩子顺其自然地生长，自然会有较好的结果。

当人们受到外界压力，做一些自己不想做的事情的时候，很容易产生一种“我到底为什么活着”的念头。如果一个孩子有了这样的想法，就意味着他的自主性和独立性的觉醒。

○ 典型个案

个案一　“大权旁落”的高三男生

耀刚经历了高考，分数还没有出来，他就来找心理医生。耀说：“我知道今年考不上大学了，可我明年也不想再考，我不知道怎样面对父母和亲朋好友那些期待的目光，我的处境真的很无奈！我父亲是兄弟三个，我伯伯和叔叔的孩子都没有上大学，有的去参军，有的找工作了。可爷爷、奶奶多次对我说：‘咱们家怎么也得出个大学生吧，小耀，就看你的了！’一直到初中，我都学习很好，兴趣爱好也很广泛，我也特别想上大学。可是上高中以后，强手如林，我不那么自信了。又遇上两位老师跟我过不去，说我‘笨’，还老向我父母告状，说我骄傲自满不用功，其实我就是有几次作业、小测验出了点小错。可是，父母马上给我买了一大摞参考书；爷爷掏钱给我买了好多英语的 VCD 光盘；二姨给我找了一位家教，非给我补习物理、数学课不可；小舅从国外给我寄来不少英语和数理化教材；妈妈双休日陪我补习英语、学电脑；奶奶天天给我改善生活……哎哟，我成了什么人了？整个一个'一级保护动物大熊猫'！弄得我头都大了，烦死了！不知怎么回事，学习成绩越来越差，我的努力也全白费了。"

这个一米八身高的大男孩在心理医生面前伤心地号啕大哭。他伤心地宣泄道："我在家从来不敢哭，父母会说我窝囊、废物。为了考大学，我拼命管住自己，上高中以后连我最爱好的篮球、唱歌、绘画都放弃了。双休日从来不敢休息，同学约我出去旅游、看电影，我都没有去过！我付出的太多了，为什么？为什么我的学习成绩上不去？……"他在高中阶段一直高度焦虑、紧张，他成了作茧自缚的"学痴"，结果呢，他的努力适得其反。

因为耀简直像是被压在五指山下的孙悟空，怎么也跳不出"如来佛的手心"，什么也不能做了。看来《西游记》的作者真是料事如神，他写的孙悟空的命运，仍旧是大有现实意义的！为此，我们呼吁父母与老师，快还给孩子自由，解放压在山下的"孙悟空"！

个案二　过早、过度学习"后遗症"

小颖从小很聪明，2 岁学钢琴，3 岁学画画，4 岁开始学小学语文、算术课本，5 岁时就会看报纸，6 岁时钢琴考试通过四级。为了让她学更多的东西，父母和姥姥决定，小颖不必上幼儿园。6 岁半，小颖上了小学，功课好得人人比不上。可上学一个月后，小颖频繁"生病"，一上学就发烧、肚子痛、呕吐，于是三天两头跑医院。小颖的"病"查不出病因，吃什么药也不管用，父母只好来进行心理咨询。经反复询问，原来小颖患上了"学校恐惧症"：她进出教室和上厕所时，怕同学拥挤；上下楼梯时，怕被同学撞倒；同学们下课后的嬉笑打闹，也使小颖反感，觉得"心慌头晕"；

上体育课时她跟不上趟儿，跑步、游戏时多次摔倒，同学的嘲笑使她大哭。

因此，父母决定让小颖在家休息调整一下，明年再上学。可是休息调整后，这些问题就会自动消失吗？小颖最缺乏的是与同龄人相处的经历，毕竟这是儿童社会化的必修课。

◎ 个案分析

如今我国大多数家庭已进入独生子女和少子女的时代，但在儿童养育中，存在大量的“社会剥夺”现象，实质上就是侵害了儿童的合法权益。近年来，有越来越多的孩子患上了“儿童孤独症”及其他精神疾病，这在多子女和“大杂院”的时代是很少出现的。

所谓“社会剥夺”，是儿童被其监护人无意或有意剥夺了与同龄人正常交往的机会。如今，遵守《儿童权利公约》不仅是整个国家的事情，更是每个家庭应该遵循的。

试想，如果几十人、上百人袖手旁观，指手画脚，还不断地“支招”，都圆睁着一双殷切期待的眼睛，看着一个人干活，那么这干活的人是什么滋味？他又得承受多大的压力？

在现实生活中，有些中小学生正是面对无数殷切期待的眼睛，在这样的被“虎视眈眈”监控的环境中学习的。我们仿佛又看见“垂帘听政”的历史在某些家庭中重演——孩子丧失了自由支配自己的合法权益，他们被家长放进经过特殊打造的“模型”。孩子自己“大权旁落”，就像是当年被软禁在孤岛上的光绪皇帝，没有了行动的自由，纵然是雄心勃勃，有再大的理想和抱负，也无济于事，这正是他们成长中最大的悲哀。

笔者去某大学举行心理健康讲座，大学生问得最多的问题却是：“同一个宿舍的同学合不来怎么办?”“我感到孤独和空虚怎么办?”“与人交往，第一句话该怎么说才得体?”难道产生这些问题是偶然的吗？虽然大多数青少年的人际交往障碍虽不像耀和颖那么典型，但不合群、以自我为中心、自我封闭等，仍是一些大、中、小学生的通病。

不善于与人交往及合作的孩子，将来能够适应开放的社会吗？能够成为开拓型的人才吗？造成这样的后果，家长是有责任的，因为父母往往剥夺了孩子与同龄人游戏的权利，怕不安全，怕学坏，认为与别人游戏没有必要等。

德国哲学家尼采曾说："一天之中，三分之二的时间不是为自己生活的人是奴隶。"

孔子说过："三军可夺帅也，匹夫不可夺志也。"

人生的第一信条，就是珍爱自己。根据心理学的原理，应该形成这样一个科学的对待自我的逻辑，即正确地认识自己——愉快地接纳自己——适度地控制自己——不断地发展与完善自己。人的一生就是在努力这样做，有了自己的存在价值与健康发展，才谈得上去善待他人，为社会和整个人类做出自己的贡献。因此，父母要有自我，也要尊重孩子的合法权益，注意培养孩子的"自我意识"。

改革开放三十年来，社会环境变得复杂多样，学校和家庭也受到时代大潮的强烈冲击。由于人们物质生活不断改善，精神需求方面的期望值也越来越高，因而开心快乐成了现代人的"奢侈品"，不开心也就成为现代人的"通病"，孩子也不例外。现代人更关注健康了，诚然，健康是人生的第一财富，没有健康和快乐就谈不上生命的乐趣。

孩子的精神需求获得满足是孩子的一项合法权益。在我国的"未成年人保护法"等多项法律法规中，也强调了关注儿童心理健康的重要性。

您开心吗？您的孩子开心吗？为了使孩子从不开心中解脱，我们必须分析一下孩子们不开心的原因，笔者归纳了孩子不开心的十大原因，可归咎为"五不五无"，即不健康、不满足、不自由、不安全、不坚强，无乐趣、无自信、无朋友、无权利、无自我。

○ 建议与谋略

孩子产生各种心理障碍，多有家庭的原因。在心理治疗中，有一种

"系统性家庭心理治疗法"，是指将家庭作为一个系统，一个家庭成员的心理问题是整个家庭中病态的人际关系和心理氛围的产物，是家庭功能不良的后果。家庭心理治疗的目的就在于打破这个消极的心理定式，在家庭人际关系中引入新的观念和沟通方式，从而改变病态的心理环境，使孩子恢复心理健康。我们再次提醒家长们，请您全家听一首轻松的圆舞曲！

请您尝试以下做法：当您想对孩子大声喊叫时，将说话声音放低八度；当您想向孩子发火时，不如打开音响，听一首轻松的曲子；当您想训斥孩子时，您尽快离开孩子一会儿，坐下来读一本您喜欢的书……家庭是宁静的精神港湾，不是搞唇枪舌战的法庭；家庭是快乐的大本营，不是硝烟弥漫的战场；家庭是安全的避难所，不是危机四伏的急诊室。

尊重与保护儿童的权益，既然是一个国际公约，得到我国政府的承认和承诺，就是人人应该遵守的。那么，父母又该如何做呢？请参照以下几个方面：

①父母应维护儿童的四项基本权利：生存权、受保护权、发展权和参与权；

②儿童是权利的主体，儿童具有与成年人同样的独立人格，社会中所有的成年人都必须尊重儿童，并负有保护儿童权利的责任，父母不应该对孩子采取斥责、惩罚、虐待的方式；

③关于与孩子有关的事情，必须与孩子商量，应该让他有发言、选择和作决定的权利；

④对孩子的操纵、控制、装饰、包办代替等，都是对儿童的侵权行为。

家庭环境必须摒弃索然无味的"情感荒漠"，给孩子五光十色、丰富多彩的世界，让孩子在家里轻松舒适地生活，父母可亲，气氛温馨，全家男女老少人人开心。

亲子双赢：父母——爱子护女牢记维权为先

孩子——遵纪守法才可自护自爱

peiyangchenggonghaizi40zhao

22

不为之教 责任义务，社会人的使命不可掉以轻心

第22招

合家欢喜，同舟共济，家庭责任，不分我你；

教子独立，自强不息，分离之爱，可成大器。

孩子是需要自己长大的，尽管父母有责任和义务为他创造一定的有利成长环境，但亲子关系是一种“分离之爱”。连动物都“懂得”，幼崽到一定年龄就要将它们驱赶出去，让它们远离父母，学会自己独立地生存。

语言文字学家吕叔湘教授曾说过：“教育近乎农业生产，绝非工业生产。”

因为工业生产是把原材料经过设计好的操作流程进行加工，做成合乎标准的成品的，而人才的培养却是极具个性化的，应该尽快将我们的孩子从“应试教育的流水线”上解救下来，给他们提供一些成长和发展的自由天地以及广阔空间。农业生产的方式更适合于教育，种下的种子是有强大生命力的，它们得自己长大。人们所要做的，是给它们适当的条件，如阳光、空气、水分、肥料，帮助它们好好生长。如果种子抗拒生长的乐趣，哪里会有好的收成？如果家长能够倾听孩子的心声，帮助孩子学会独立地成长，就一定能够给孩子带来更多成长的乐趣。

○ 典型个案

许多独生子女的父母，不知道在家庭中应该把亲子关系摆在什么位置，因此才出现了很多令人烦恼和痛心的事情。

个案一　溺爱放纵必酿恶果

初二男生小旺是父母的掌上明珠。他小学时还比较听话，可自从上了中学，他学习不努力，却在吃、穿、玩上挺“长本事”。母亲每月给他的零花钱直线上升，可他仍不满足。

一次去姥姥家玩，他偷拿了舅舅的200元钱。虽然钱被追了回来，他被爸爸暴打一顿，可以后各种不良行为接二连三。一次，小旺强烈要求父母给他买一双600多元的名牌运动鞋，没得到同意后，小旺竟拿起菜刀，将妈妈逼到阳台上说：“你给不给钱？再不给，你就从这儿跳下去！”幸亏隔壁邻居及时赶到，才制止了这场“闹剧”。

而十分可悲的是小旺的母亲，她在心理医生面前讲述着儿子的劣迹，虽然是痛哭流涕，但更多却是对儿子的惋惜和无尽的“爱”，她说：“尽管他这么不争气，可他还是个孩子，还不懂事。虽然他逼得我真想一死了之，可又想，我死了，谁管他？他爸爸心肠可硬了，孩子一犯错，他就恨不得把他打死。”然而，小旺在他母亲的溺爱和纵容之下，已经发展到经常逃学、加入了社会上那一群辍学后整日无所事事的小混混行列。小旺今后又会成为什么样的人呢？

个案二　依赖怯懦何时成人

大学生本是同龄人中的佼佼者，但在大二女生晓琳却身上看不到现代青年的自信和豁达。她无论从装束和言谈举止上，还是从性格气质上，都还像个中学小女生。

父母陪同晓琳来到心理咨询中心，她因为本学期三门学科没有及格而万分苦恼。她的父母轮流说着她的情况：这孩子性格太内向，胆子又小，只知道用功读书，从来不交朋友；她说现在的同学都太厉害，在宿舍里很不好处，在学校受点儿委屈她就回家，只觉得家里最安全；她在中学一直是拔尖的三好学生，到大学里功课跟不上，主要是太自卑。

“你自己来谈谈好吗？”心理医生请她的父母回避。晓琳沉默了好一会儿，才吞吞吐吐地说：“我，我想最好先休学，把心理障碍克服掉，再去上学。”“这是你自己的想法和主意吗？”“是父母出的主意，我也没有更好的办法改变自己。休学总是比留级名声上好听，我想父母是为我着想。所以，希望心理医生给开个证明，好去学校办理休学手续。”

心理医生说：“如果有比休学更好的办法，你愿意考虑吗？”“那，最好跟父母说，我不知道该怎么办。”“不，这是你自己应该去思考的，父母不能代替你上学，也不能代替你长大。如果父母总是像对待小学生一样来对待你这个大学生，你说会有什么后果呢？”晓琳再一次沉默了，也许她是第一次认真地用自己的头脑考虑所面临的问题。在近年来关于家教的心理咨询中，有不少是与小旺和晓琳的情况大同小异的，难道这是偶然的巧合吗?

○ 个案分析

当社会处在改革开放的转型时期，家教观念和方式也受到极大的冲击。面对独苗，许多父母不知所措，当合家为一个孩子的诞生庆贺时，父母已开始为这个孩子谋划未来的蓝图。在孩子心理、个性不成熟时，若是再碰上家教不得法的父母，那结果就可想而知了。

近年来，儿童出现的各种问题如孤独症，秽语抽动综合症，多动症，儿童精神病及中小学生的各种心理障碍，都是在二三十年前很少见到的。笔者在心理咨询工作中，发现有70%以上的问题都是与亲子关系有密切联系的。

孩子应该承担一些家庭的责任和义务，这样有利于他们能力的提高和心理素质的加强。但这一方面常常被许多家庭所忽视，因而导致孩子缺乏最起码的责任心和生活技能。今天的孩子有许多为成人所不知晓的苦恼。他们肩负几代人的期望，环境的复杂、精神的紧张、心理的压力都是空前的，但他们又常常感到力不从心，心理和身体上都很脆弱。

许多孩子缺乏的就是自信心，孩子存在的问题常常反映了家庭中情感关系的倒置。一般常见的有三种情况：一是多因母亲，在孩子出生后把自己的注意力和情感都毫无保留地倾注到孩子身上，以至于忽视了配偶，使孩子成了家庭的中心，丈夫退居次要的地位；二是父母双方都把孩子摆在主要地位，夫妻情感和生活都被忽视，孩子成了唯一的精神寄托，但两人在对孩子的教养方法上常有分歧；三是在一些离异家庭，带孩子的一方把一切希望都放在孩子身上，但又常抱着对孩子既爱又恨的矛盾心态。

可见，这一类家庭的共同特点是：父母都没有认识到，家庭的稳定和幸福必须以夫妻关系为核心，夫妻之间必须有自己独立的天地和精神世界，绝不应因孩子的存在而“牺牲”了夫妻的情感世界。只有夫妻双方取得共识，以父母健康科学的家庭角色，齐心协力地教育孩子，才能收到良好的效果。

有些性格内向的孩子比较容易出现心理问题，因为他们常常不善于表达自己的内心，又因为“一贯地听话”，使家长往往对孩子的精神苦恼不能及时察觉。许多孩子表现得很脆弱，显然与家庭教育的影响有关，父母只要求孩子好好上学，成绩要好，别无他求，但却造成了孩子的心胸狭隘，能力欠缺。而一旦孩子在学校受到一些挫折，父母往往指责、批评孩子，或者埋怨老师素质低、不公平等，这都不是解决问题的办法。

○ 建议与谋略

孩子从脱离母体来到世界上的第一天起，就已经是一个独立的个体，而在现实生活中，有些父母忽视了这种“分离之爱”的价值，总是将孩子“系”在自己身边，将孩子看做自己身体的附属品，生怕他出什么差错。

我们不禁要对一些社会上司空见惯的现象提出疑问：幼儿有一双脚会走会跑，为什么还总要抱着他，用车推着他？中小学生要靠自己的头脑学习知识，为什么父母老得“陪读”？孩子有一双手，可做很多事情，能劳动，为什么有些家长只要他学功课，而不让他做任何别的事？一个人的前途要自己去思考，青少年的升学就业问题为什么总是有父母一手“包办”，直至上了大学的青年还要家长千里迢迢送去报到？不少青年要父母给“托关系，走后门”找工作，结婚也要家长“大力赞助”，以至白发苍苍的父母退休后再工作，都是在为儿女奔波，更有甚者，有的青年人有了孩子，也完全推给老人去“尽义务”，老人不仅出力，还得出钱等。难道这些现象正常吗？可是，造成这类现象的根源又是什么呢？对此，父母们当然有着不可推卸的责任。

明智的父母们应该懂得，亲子之爱是“分离之爱”，这意味着在很多情况下，父母们要学会一种“不为之教”，即不去为孩子做什么，只是支持孩子有勇气去解决面临的问题。无论孩子是否成功，都值得称赞，因为他可以从实践中得到经验和增长能力，也可以学会承受挫折与失败。父母必须能够镇定沉着，不仅要做孩子的“衣食父母”，还要做孩子精神上的支柱和心理上的坚强后盾。

实际上，随着社会的开放，孩子的生活空间是很广阔的。要锻炼孩子的心理承受能力，做到自觉自强，下列活动和疏导方法可供家长们参考：

①从幼儿时就教孩子作一些简单的自我服务，比如自己洗小手绢、叠被子、背书包、收拾玩具等。6岁以上的孩子要逐渐学会生活自理，并承担力所能及的家务劳动，比如自己洗衣服，每周末安排一次家庭大扫除等。12岁以上应基本做到生活自理，并能够主动为家人服务。分担家务劳动，可锻炼孩子解决问题的能力，并且提高其心理耐受力；

②创造机会，让孩子多与社会接触，如购物，与同学、亲友交往，学会处理邻里关系等。可以让孩子了解不同的人群，学会观察人和事，增强待人处世的能力；

③鼓励孩子参与各种社会活动，与人交流，参与电视、广播节目，参与社会志愿者活动，参与各类文化、体育活动，都可增强孩子的独立性；

④经常与孩子讨论在学校里遇到的事情，使孩子正确理解和对待老师和同学的错误、缺点，开阔心胸，对别人宽容，同时也懂得维护自己的合法权益。

为了孩子的身心健康，家长应该让孩子在家庭中学会承担责任、锻炼能力，帮助孩子消除精神上的脆弱和种种不适应症，以便在心理个性上走向成熟。

“跨世纪中国少年雏鹰行动”所倡导的“自学、自理、自护、自强、自律”，要贯穿到家教的时时处处，同样应该在家庭中实现。

亲子双赢：父母——给予责任角色分明不姑息

孩子——担当分享公民义务不含糊

peiyangchenggonghaizi40zhao

23

黑马培育 并非偶然，意料之外常有真人才

第23招

童心无羁，思路独辟，身心解放，创造第一；

全面评价，体察精细，弱化控制，自信坚毅。

即使是成人，也是不完美的，我们在一生中都在追求不断地自我完善。正在成长中的孩子更是不够完美的，他需要一个塑造自我的漫长过程，这是他成长的权利。

在家庭教育咨询中，反映出家长们在教育观念和方法上存在着某些不科学、不合理之处。有些家长对孩子过分求全责备，不能接受孩子的错误与不完美，而这往往是导致亲子关系冲突和家教失败的主要原因。在如今的信息时代，我们必须以新的眼光来评价每一个孩子。

请您做一位豁达、开明的父母，容忍孩子的不完美。因为不完美是成长的催化剂，会让孩子有极大的发展余地，比求全责备会有意想不到的收获。全面评价，因势利导，许多家庭可以造就出更多的“黑马”，许多家庭都可能培养出天才的少年。

○ 典型个案

近年来，许多孩子在计算机方面脱颖而出，实例很多。

个案一　父母的支持至关重要

小琪的父母思想较为开放，在邓小平同志“计算机要从娃娃抓起”的感召下，毅然花了一万多元给上小学的小琪买了一台386电脑，小琪立即对电脑着了迷。Windows95面世后，386可就不够用了。为了让它能兼容，10岁的小琪心灵手巧，把电脑当成了他的“练兵场”，拆了改，改了装，由此他探得了许多电脑的秘密。

几年后，小琪开始把自己在电脑中“悟”出的道理——经验和技巧写成文章，不断向专业的电脑媒体投稿，谁料想竟屡投屡中。看到自己被社会认可，小琪真是其乐融融。在父亲的支持下电脑升到了P133，在“猫叫”声中小琪登录上网了。他东瞧瞧西看看，嘿，网络世界竟如此精彩！他成了个地地道道的网迷。

要说办主页，对于一个初一的孩子来说真是有点异想天开。可边翻书边摸索——试验、编程、再试验，他的“小琪工作室”网站终于问世了。由于他越搞越红火，而被“广州视窗”评为“国内50大个人主页”之一，“网易”也请他来制作“电视频道”。

不久，他又拥有了自己独立的国际域名。16岁的小琪竟然统领着7位19~26岁的员工，他们相处和谐，工作默契，亲如一家。可在处理公司的重大事情上，他竟又是那样大气和果断。他刚签完一份300万元的合同，又在与中新社谈判合作意向。面对资深、蜚声国内外的知名谈判对手，小琪却是那样应对自如，显露出了他出众的个人才华，真是个奇才少年啊！

个案二　“棒小子”6岁试身手

北京海淀区有一个6岁的男孩小乐，在父亲的帮助下，他建立了“棒小子”网站。为了与小朋友交流绘画作品，小乐感到网站活动也有一定的局限，他希望有一个与同龄人直接进行交往的场所，于是他自己去找赞助，和一些公司谈判，最后终于有了活动场地，成立起一个儿童聚会的“棒小子俱乐部”。这个男孩的户口在奶奶那里，附近的学校不接收他上学，他自己多次与学校联系，并主动向学校介绍自己的网站，通过努力“公关”，学校终于接收了他。

一个刚6岁的孩子怎么能做这些事情？不是因为他有多么的聪明，而是他的父亲教子有方。他不替孩子做任何事情，而是鼓励和指导孩子自己去做，这就是家长对孩子绝不包办代替的益处。让孩子自己去实践，去碰社会上的各种“钉子”，孩子体验了做事的艰难，自然就会提高能力，学会自我控制，并想办法解决面临的问题，在需要父母帮忙时，他也能够主动求助。

○ 个案分析

其实，像小琪和小乐这样的孩子很普通，但他们成为一匹IT业的黑马，显然是与父母的支持、引导分不开的。每个孩子都有自己的个性，脾气秉性各不相同，急性子、慢性子并没有好坏之分，就不应该对孩子挑剔、苛求，要给他一定的自由空间，不可以把成人的意志强加于孩子。这样家长和孩子之间才能找到共同语言，才可能实现亲子间的互动和沟通。

中小学生应该减轻学习负担，这是教育发展的大势所趋，可避免大量侵害未成年人合法权益的行为与“教育事故”的发生，有利于学生的身心健康，减负也是解放学生个性的英明之举。有的家长担心“减负”会影响孩子成才，实际上是没有根据的。

心理咨询的实践证明，沉重的学习负担是导致中小学生心理问题与日俱增的重要因素之一，也是影响孩子成才的真正障碍。学习成绩较差的学生被打入“另册”；无论成绩好坏，中小学生对学习缺乏愉快感；学生的学习负担过重，造成亲子关系、师生关系危机，并酿成家庭与学校的暴力，导致学生身心健康状况不佳等。

○ 建议与谋略

“一个人并不是生来要给打败的，你尽可以把他消灭掉，可就是打不败他。”这句出自著名作家海明威的名著《老人和海》的名言告诉我们，尽管一个人的肉体可以被摧毁，但一个人的顽强搏击精神却是不可战胜的。这句名言也是海明威人格的写照，一位摄影师这样评价海明威：“巨人，虽然备受生活的残酷打击，但他几乎是不可战胜的。”

在第一次世界大战期间，年轻的海明威参了军。在一次战斗中，他为了抢救一位意大利籍的受伤士兵，被迫击炮弹片炸伤，但他以顽强的毅力连走带爬，挣扎着把肩上的伤员背回战壕。他被人们送往野战医院，一路上流血不止，昏迷不醒。他体内的弹片之多，使他的整个身子成了一个“针插”。医生取出了他身上237块弹片中的28块，其余的还都留在他的肌肤里，任其自行排出，有一些到死还留在他体内。

经过13次手术后，他终于战胜了死神。海明威的顽强精神令人称道，他的坚强人格也深深地影响了他的作品中所塑造的人物形象，极大地增强了作品的艺术感染力。海明威的名言之所以为人们传颂不绝，是因为它揭示了人生的一条真谛：人是要有点精神的，只有塑造自己坚强不屈的人格，才能战胜逆境，走上成功之路。历史和现实也都昭示了这一点。

人的这点精神不是别的，正是一个人对自己的自信心、对生活的信心，还有对未来的自信心。自信心并不是凭几句响亮的口号就可以产生的，自信心也不是靠别人的肯定和赞扬产生的，更不是由社会给你荣誉或奖励才产生的。自信心主要是在自己的努力奋斗过程中，在向社会和他人学习的过程中，在迎击挫折和失败的反复磨炼中，在自己体味人生的种种伟大哲理中，在追求自我的事业发展中逐步树立起来的。自信心自我培养的必由之路只能靠自己去探索和开辟。你要做一个无愧于时代的、有用的人，必得去用自己的智慧和力量，去开辟这条自我成长的路。

下面这十条注意事项，可以帮助父母真正为孩子减负，帮助孩子建立起自己的自信心，使孩子的潜能与优势充分发挥出来，并能够正确对待学习与考试中的竞争。

①不要对每一件琐事都发布命令。要明确什么是主要的，尽量减少要求，不要啰唆；

②注意把问题消灭在萌芽状态。不要让孩子形成与家人争吵的恶习；

③如果父母自己做了无理的事、发脾气，要向孩子道歉，这会增加孩子的诚实和正义感；

④避免使用暴力。如果经常使用惩罚手段，效力就会越来越弱，不得不使惩罚措施升级，而孩子也就从痛苦中学会了暴力，学会欺侮别人和欺骗父母；

⑤给孩子提忠告要走近他，看着孩子的眼睛或摸着他的肩膀，清楚、明确地告诉他应该怎样做，说明父母是真正无条件地爱他、接纳他的；

⑥提要求时要留有余地。比如说：“你抓紧学习，20分钟后吃饭。”这

样比命令说“现在马上吃饭”要好得多。孩子可以结束他正在干的事，若不过来吃饭，也不必理睬他的拖延，因为孩子的注意力是难以持久的，拖延一般不会超过15分钟；

⑦奖励，对孩子好的表现要及时奖励。像微笑、赞扬、搂抱、抚摸或亲吻这样的简单动作，把“情”放在首位，尽量少用金钱和物质作奖励；

⑧多使用肯定语、商量语，少使用否定语、训斥语。比如说，“把功课再复习一下吧”，要比说“下次考试，名次不许下降”好得多；

⑨对孩子说话，尽量使用青春语言，欢快、明朗的情绪会使你的要求容易被接受；

⑩不要把注意力都放在孩子身上，比如你可以去看朋友，孩子也可以去和伙伴共同学习或活动。这样再和孩子相聚时，会有一种新鲜感，有新的发现，你们之间也会有新的交流。

亲子双赢：父母——平常之心寄托真诚厚望
孩子——青出于蓝铸就栋梁之材

peiyangchenggonghaizi40zhao

24

刚柔相济 角色到位，家教成功是孩子成才的保障

第24招

刚强严父，社会导入，男性榜样，性格杰出；

柔美慈母，生活辅助，刚柔相济，角色互补。

在家庭教育中，父亲和母亲共同组成一个健全完整的和睦家庭，为孩子创造一个健康成长的欢乐家园。那么，父母的角色与作用各具什么特点与优势呢?

母亲象征自然形象，更多关注孩子自然性的一面，主要是身心健康，并注重教孩子学会生活。母亲的作用主要体现在生活上的精心照料和心灵上的温柔抚慰方面，偏重于耐心的教导、细心的叮嘱，多表现在“管理”和“语言”上。

父亲则象征社会形象，更多关注孩子社会性的一面。父亲一般有能力教会孩子如何适应社会，进行人际交往，并开发孩子的创新能力。父亲的作用表现为，是坚定、勇敢、敏捷、探索方面的楷模，多表现在“形象”和“行为”上。

孩子的心理需要是全方位的，父母的作用应是“刚”与“柔”的组合，柔情的体贴加上强有力的支持，才能使孩子的心理发育顺畅，人格塑造完整。在家庭教育中，父母的角色应该是各有特色和优势的，要分工合作，互动互补，刚柔相济，协调一致。

○ 典型个案

个案一　全职妈妈为何担忧?

一位全职妈妈带自己的女儿来进行家教咨询。这个女孩外表健康漂亮，她可以一两个小时专心看书或练书法，可以一个人关起门来自觉练习舞蹈、声乐，可以在双休日参加四项课外培训，可以在掰手腕时战胜班上不少男生。而另一方面，她不喜欢在众人面前表现自己，她特别爱哭，有时哭上一两个小时，自诉害怕死亡、怕地震、怕遇上小偷；她对同龄伙伴说，班上有人欺负她，但她绝不会对父母说任何令人担心的事情；她见了陌生人从不主动叫人和说话；她的语文和作文成绩较差，与她不善于表达有关……

给人的印象是少年老成，但内心又是复杂、忧郁、幼稚、脆弱的，这是10岁女孩吗？到底哪些是真实的？哪些是假象？而这位全职妈妈有着十分矛盾的心情：她说女儿有点怕爸爸，与爸爸相处时间很少，但又强调她爸工作太忙常出差，他还是非常爱孩子的。她想解决孩子存在的种种问题，但似乎又怕抹杀了自己的努力，而不断罗列孩子的优点和特长……

个案二　父亲为何忽略了女儿？

11岁的小星是五年级学生，她在心理咨询中谈到以下问题：妈妈太唠叨，什么事都要管，让人烦，最大的意见是，妈妈天天给自己增加家庭作业；自己总是胆小，不敢一个人单独睡一屋；有同学好欺负人，不知该怎么办，妈妈只会让自己忍耐；爸爸辅导功课效果好，可他老是工作忙，星期天他不带我出去玩；晚上爸爸还老爱鼓捣电脑，电脑比女儿更重要吗？

本来很聪明的小星，现在学习成绩很不稳定，高兴时能考全班第一名，可最近竟落到第21名。小星是个性格比较内向的孩子，她十分看重与父母的感情，可父亲显然并不理解女儿的感情需要。

○ 个案分析

可将家庭中父母的角色进行一些分析：母亲的作用是精心的教养、周到的照料、温柔的抚慰、耐心的诱导；父亲的榜样是坚定的意志、勇敢的行动、忍耐的力量、勤奋的探索。

夫妻若在对子女的教育中发挥各自的优势，互助、互补并共同努力、默契配合，其合力将不是简单的加法，而犹如核反应堆中的中子与原子核撞击发出的能量。培养一个聪明健康的孩子，就需要这样巨大的“连锁反应”的能量。

父母在家教的合作协调中若有问题，不良的家庭氛围就会影响孩子的心态，这些孩子也就会出现许多的心理障碍。一是情绪不稳定，常伴有忧郁、恐惧、紧张、焦虑心理；二是自卑心理严重，女孩不自信，男孩少阳刚之气，而导致他们的胆小、怯懦；三是极易与父母闹僵，表现为偏执、任性；四是意志薄弱，承受不了一点挫折；五是笨拙无能，动手能力较差，生活自理能力较欠缺等。

许多孩子常会对妈妈的唠叨和过分管束非常反感。有的孩子下学后一走进自己的小房间，就将房门锁上。下列现象在孩子中很常见：避免与妈妈一起吃饭；不愿意和妈妈上街购物，不让妈妈给自己购买衣服和用品；不让妈妈开家长会；不许妈妈走进自己的房间，以避免书包和抽屉等被搜查……有些母亲尤其是有不少“全职母亲”甚至放弃了自己的事业，而对孩子下足工夫，简直操碎了心，但往往费力不讨好，主要又原因是什么呢？

在家教心理咨询中，听到孩子对母亲的不满意也是最多的，至于什么样的母亲不受孩子欢迎，我们可以将之归纳为以下几种类型：①经常唠叨，过度教育；②一切满足，过度溺爱；③强迫命令，过度专制；④动辄打骂，过度粗暴；⑤怯懦担忧，过度保护；⑥垄断家教，忽视丈夫；⑦不会打扮，过度浅薄；⑧情绪低落，过度忧郁；等等。

我们至少要提出下列问题：孩子的童真、童趣哪里去了？孩子还有时间和同龄人一起玩耍吗？孩子为什么不会主动交往？孩子的自由活动时间是否被妈妈剥夺了？全职妈妈究竟应该怎样评价自己，怎样带孩子？

今天的孩子在呼唤父亲。父亲不仅是家庭经济的顶梁柱，也是孩子成长发展的顶梁柱，父亲应该为孩子撑起一片自由成长的蓝天！

可是，在近年来的家教咨询中发现，中小学生来进行心理咨询时，80%以上是由母亲陪同来的；父母一起陪同孩子来咨询的约占10%；而由父亲陪同孩子来咨询的不到10%。一项调查表明，几乎所有的父亲都把教育孩子放在第四位，而居前三位的是看书报、做家务和看电视。

◎ 建议与谋略

针对当前普遍存在的问题，做母亲的应该注意以下几点：

①多倾听。自己的声音不可占据家庭，给孩子和丈夫更多的说话机会，创造良好的对话氛围；

②要温柔。以稳定的心态、开朗乐观的情绪与孩子建立良好的亲子关系；

③不告密。对孩子的错误、缺点绝不向丈夫、老师“告密”和告状，相信孩子可以改正；

④要自信。在生活态度、待人处世、良好习惯方面给孩子做出榜样，要有自信心；

⑤多宽容。在家庭内外对人宽容理解，体现女性的善良、爱心；

⑥要学习。在知识、观念上加强学习，向孩子学习，使自己不会落伍；

⑦少替代。从小训练孩子自己的事自己做，做孩子的生活顾问，但不做保姆；

⑧要得体。在打扮、气质风度、言行举止上要大方得体，符合时代的发展。

如果您能够经常注意以上八个方面，一定会不断有所进步，做一位让孩子引以自豪的好妈妈，而这就是您终生的幸福。

家教中父亲有不可替代的作用，有与母亲教育的互补作用、协同作用、奠基作用和深化作用。在现代社会，父亲应是孩子的好榜样，也要时刻用自己的实际行动教育和引导孩子。

以下十个方面是一位父亲可以给予孩子的宝贵的精神财富：

①合群与合作性。善于交际，奉献爱意，关心他人，宽松天地；

②健康生活方式。生活规律，营养合理，不嗜烟酒，锻炼身体；

③知识广信息灵。求知若渴，日有所得，博知有识，善于思索；

④心灵手巧全能。动手动脑，勤于创造，善解难题，追求美好；

⑤诚恳严谨信用。待人诚恳，信誉为本，言行一致，做人标准；

⑥应激沉着镇定。办事有方，遇难不慌，自主果断，转危为安；

⑦民主平等和谐。有话就说，平等切磋，良师益友，父子亲和；

⑧敢于承认错误。有错不瞒，心地坦然，知错就改，性格更坚；

⑨豁达睿智幽默。心胸豁达，教子多法，含蓄风趣，疏导点化；

⑩夫妻配合默契。优势互补，协作有术，目标统一，成功无疑。

一位父亲如果每天下班后有半个小时到一个小时的时间与孩子在一起活动，或每周安排3～4个小时与孩子一起进行一些户外活动，您的孩子一定会有长足的进步。从中小学生的口中，有时会听到他们谈及父亲的一些缺点，主要的有：教育孩子方法简单、粗暴，有时打人、骂人；无耐心，爱发脾气；说大话，不讲信用；懒惰，不爱干家务；不爱学习，一问三不知等。

当孩子早上醒来时，父亲应该说："孩子！快起床，跟爸爸去跑步！"当孩子遇到困难时，父亲应该说："好小子！勇敢点，你会成功的！"当孩子受到挫折流眼泪时，父亲应该说："好孩子！别哭，爸爸来给你讲个故事吧！我像你这么大的时候呀……"请试试，只要您真心关心孩子，给他提供您宽厚的臂膀，您一定会成为一位受欢迎的好父亲，您的孩子也会取得意想不到的进步。

父亲与母亲在教育孩子上，要如何矫正和避免不和谐的问题呢？我们认为可从以下六个方面来努力：

①孩子出现问题时要冷静分析，研究适当的对策。父母间不应该相互指责、埋怨；

②父母要经常商量教育孩子的有关问题。父母间要有基本一致的教育孩子的态度和方法，要有分工、有合作，不要在孩子面前争执不下；

③父母在教育观念上要基本一致。父母之间要相互补台，不要拆台；

④在对孩子的态度与要求上要有比较接近的尺度。当与孩子发生冲突时，父母之间应互相"发信号"，暂时离开孩子一会儿，商量一个合适的

办法，再来疏导孩子；

⑤经常进行有效的沟通。要使孩子感到父母是一个牢固的整体，是无懈可击的；

⑥家庭文化素养需要提高。父母需要不断学习，提高家庭的文化品味。

父母亲在家教中的和谐，应表现在给不同年龄阶段的孩子以理解和尊重上。父母应该以一个统一的“团队”形象出现，并吸引孩子加入这个团队，从而使整个家庭成为一个和谐一致、幸福美满的集体。父母在家教中应突出下列的特点：①各有独特性；②互补协调性；③默契一致性；④应急变换性；⑤科学合法性；⑥情感融和性。

有心计的父母最好能够为孩子建立“成长日记”和“成长档案”，这是您的家庭的一笔宝贵财富，甚至可以代代相传。当孩子18岁成人时，父母可将孩子的“成长日记”和“成长档案”移交给孩子，让他自己去保管和“续写”，将之作为孩子“成人仪式”的一个重要组成部分。这样可以让孩子对自己真正负起责任来，走好今后的人生之路，这又是一件多么美好的事情！

亲子双赢：父母——高山流水锦绣家园生态美

孩子——江山如画英雄辈出前程亮

peiyangchenggonghaizi46zhao

25

坦诚谈性 会用头脑，避免被欺瞒和诱惑

第25招

纯净空间，一相情愿，纷繁复杂，文化多元；

勤思善辨，睿智超前，远离污浊，独立坦然。

从主观愿望上来说，人人希望社会环境纯净理想，但开放社会的文化是多元化的，种种社会现象和人群是多样化的、多侧面的。我们不可能去蒙住孩子的眼耳，更不可能去掩盖社会的种种丑恶现实与阴影，既如此，我们和孩子都应该从容勇敢地面对现实。

著名教育家陶行知先生说过："到处是生活，即到处是教育；整个社会是生活的场所，亦即教育之场所。因此，我们又可以说：'社会即学校'。"

孩子看到某些社会的丑恶现象，其实这并非可怕的事情，幼稚者学会直面惨淡的人生，更可以从中学会批判和抵御不良诱惑。而真正可怕的是父母不现实的态度：敏感多疑、假装正经、麻木不仁、回避现实或是粉饰太平。

开放的社会使孩子较早性成熟，如果没有心理准备就可能出现越轨行为。在家庭中自然地谈论性问题，可以帮助孩子破除性神秘、性愚昧、性罪恶等种种性困惑，家庭性教育势在必行，可以弥补学校与社会性教育的不足。而在心理咨询中发现，由于有些父母不能开诚布公地与孩子谈论性问题，而酿成了一些家庭悲剧，不但会妨碍青少年顺利成长，还造成了亲子关系的严重冲突。

○ 典型个案

每个人的一生都不会是一帆风顺的——当我们对青少年讲这句话时，其实包含着非常丰富的内容。它不仅是指学习或生活中常见的困难与挫折，并且还有一些被社会负面因素所影响或是意料之外的不幸，比如像女孩遭受性侵害，它甚至会令人的一生都蒙上可怕的阴影。

可是，无论生活多么不公平，这样的男孩、女孩仍旧有权利与同龄人一样健康成长和享受人生，所有爱他们的亲人、朋友，应该帮助他们抛却阴影，笑对人生。

社会的开放不可避免地引起人们性观念的变化，在青少年性心理咨询中，就有下列实例：

①高一男生 A 应邀参加同学的生日聚会，竟然在歌舞厅与一三陪小姐相识，并发生性关系。以后 A 多次嫖娼，终使其感染了性病。A 恐惧是否有可能感染艾滋病，才打电话进行咨询。

②初三女生 B 学习成绩不好，在中考前夕不愿去上学，并对同学说："我想到酒楼当三陪小姐，可以挣大钱养活自己，何必还读书呢?"幸亏该同学及时告诉了 B 的家长。

③马路边常有人散发小广告，男生 C 收集了不少与增强男子性功能有关药物的小广告。C 把自己收集的东西拿给同学伙伴看，并引诱一些男女生聚在一起专门讲"黄段子""荤笑话"，被一学生家长发现后，及时告诉了老师，才制止了这场闹剧。

④一位中专男生 D 因偷看了黄色影碟，与多个女孩发生性行为。他给心理医生打来电话说："总想与女孩那样做，简直有些上瘾。近日一女孩家长已经向公安部门告发我'强奸'了他女儿，其实她是自愿的，可是这怎么说得清楚？我该怎么办呢?"

○ 个案分析

色情行业发展的结果便是性的商品化。性的商品化意味着什么？意味着社会上存在一个潜在"市场"，而这市场的"消费者"主要是涉世不深的青少年。尽管我国政府采取了非常严厉的措施，多次"扫黄打非"，但仍屡禁不止。所谓的"三陪"等色情服务，误导人们以"性"来代替和满足"爱"的情感需求，它向人们提供性刺激作为真正亲密关系的代替品。

台湾性教育专家编写的《中学生的性教育》一书中，讲到了"ABCDE 行为"，这是青少年都很熟悉的提法，如今有些青少年也不知不觉陷入这样的怪圈。所谓的 ABCDE 的含义是这样的：A 是接吻，B 是爱抚，C 是性行为，D 是怀孕，E 是堕胎，即人工流产。因此，这五个字母可以说是婚前性行为的全套内容及缩写。在青少年中常以字母作为代号，来说明异性交往发展到了什么程度。而学者们认为，性教育的目的，恰恰是希望青少年不要进入这个过程，因为它是一个可怕的陷阱和不可遏制的恶性循环，只要进入就很难自拔了。

在青少年当中，有些人已经不断尝试过 A 和 B，他们还认为没什么关系。现在许多少男少女的特点是，不想就做，不说就做，而且认为这样很浪漫，没有什么了不起。他们初步的尝试也许还是性游戏的性质，可是人是高级的情感动物，不会对男女之情无动于衷的。

我国有性教育专家认为，像接吻和爱抚这类男女之间的亲密接触，叫做“边缘性性行为”，其结果很可能发展到真正的性行为，正常的人也不可能只满足于边缘性性行为。因此，在青春期性教育中，应奉劝青少年要学会约束自己，做到婚前禁欲，保持健康贞洁。但空洞的说教是不能使青少年心服口服的，因此必须与青少年面对面地平等讨论。

可用一个比喻来解释性欲望的激发过程，把性欲望想象成汽车的引擎。当引擎没点火时，车子不会动，一旦点了火，引擎开始发动，整个车子就开始动起来。性欲是人到一定年龄出现的自然现象，尽管开始可能会理智地对待自己的性欲，然而一旦有诱因，则前一步会带动后一步，整个掀起了连锁反应。例如从轻抚后背到互相爱抚，就像把油门从头踩到尾一样，全身各个系统都会发动起来，推着你朝着目标前进，这时要停下来就非常的困难，激情会让你像一部刹车失灵的汽车，在斜坡上一路冲下去，其后果可想而知。

在性方面，20 岁之前，青少年还处在一个“装配调试”的阶段，还不适合上路呢；大学时期是一个考“驾照”和“磨合”的时期，千万不可匆匆上路。一辆未经检验的汽车不适合上路，一位没有驾照的司机更不能随便开车，其中的道理很简单，关键是总有人铤而走险。社会不是一个纯净的空间，它是复杂多样的，因此父母应该正视现实，从小学高年级就可以与孩子公开讨论这些问题：怎样看待和避免婚前性行为呢？

我们应该告诉青少年，世界是复杂的，要学会机智勇敢地保护自己。尤其不要轻信别人，不要使自己处在危险、孤立的环境当中，要远离各种性诱惑。

○ 建议与谋略

我们的孩子不是生活在真空中，因而许多不该发生的事情困扰着为数不少的家庭。如何教孩子抗拒诱惑，就成为每个家庭遇到的实际问题。

父母常常对青少年特别担心，如果在青春期不善于自我保护，就有可能给未来的事业发展与家庭幸福留下后患。由于处在青春期的青少年生殖器官和神经系统都还未最后发育成熟，因此如果过早发生两性之间的性行为，对身心的健康成长是有害的。在青少年的大量心理咨询中，约有40%左右反映的问题与两性交往有关，他们基本上不与父母讨论性问题，有的少女怀孕也不敢告诉父母。在这里，我们将与青春期自我保护有关的问题整理如下：

①在什么情况下可能导致怀孕？有的中学女生与男友发生性关系，感到无地自容，而产生极度焦虑和恐惧，甚至说，如果怀孕就去自杀。

②婚前性行为怎样避免使女友怀孕？国内外的研究都证明，“安全套并不保险”，使用避孕套约有15%左右的失败率。因此，最保险的办法是必须避免婚前性行为。

③未婚女友已经怀孕，而又未到法定婚龄，该怎么办呢？根据我国的计划生育政策，婚前怀孕应做人工流产或引产，不要拖延时间和犹豫不决。做人工流产应去正规医院，不要去个体诊所，更不要去无行医执照的“游医”那里就诊。

④少女怀孕会有什么危险呢？在18岁之前，少女的子宫还未完全发育

成熟，相当娇嫩，怀孕所导致的后果是很危险的。怀孕少女即使能够及时做人工流产，也可能出现各种严重的合并症，如引起大出血、子宫穿孔、感染等；还可能因损伤子宫而留下多种后遗症，如以后怀孕生育时发生难产，或造成继发性不孕，终身失去生育能力等。

⑤婚前性行为对以后的婚姻家庭会有什么不良影响？如果发生婚前性行为，容易造成日后夫妻之间的相互猜忌，影响婚后感情。有一些女青年由于在婚前多次做人工流产，造成心理上的障碍，当她婚后真的要做母亲时，就会产生一系列的担忧，甚至导致习惯性流产，不仅身体上要承受巨大的痛苦，给婚姻家庭生活也蒙上了阴影。

⑥在现代社会还要保持婚前童贞吗？如今在许多西方国家也都在开展少男少女的“贞洁运动”。这绝非是封建主义的说教，而是未来“生殖健康”的根本保障，不仅可以防止少女怀孕，还可使青少年避免不洁的性行为，预防性病、艾滋病的感染。

⑦遇到“露阴癖”等性变态的人怎么办？要懂得一些有关性心理变态行为的知识，遇到这样的人不要惊慌，也不要胆怯，保护自己要紧，并应向公安部门报案。

比起宝贵的生命来，少男少女即使出现某些性方面的失误和错误，也应该是能够被原谅的。

在家庭中如何与孩子谈论性问题？笔者认为，家长们应该注意以下原则：

①通情达理，尊重人格，保护青少年的隐私权；

②家长应利用各种机会，与孩子谈论性问题和异性交往的规则。例如借助影视节目、广告、书刊等，都可自然地交流观点看法，以防患于未然。如家长有不能解答的问题，可请教专家；

③坦诚交谈，沟通理解，要引导青少年领悟人生规则，而应尽量避免两代人之间的各种冲突；

④青少年出现“性问题”是有很多复杂的原因的，不要大惊小怪，只要知错就改，就应该容忍和耐心地等待，并给予他们改正的机会和充分的信任。其实，成人的性问题也很普遍，何况是涉世不深的青少年呢?

⑤对于青春期的“性教育”，应着重人格教育、科学知识的传播和行为的自律指导，而不应进行任何的“道德批判”。要为他们创造一个温暖、宽松的成长空间，不要使他们“因性负罪”。

要与青少年平等地讨论性问题，家庭和学校都应承担起对他们进行性教育的责任，以便净化青少年的成长环境，预防性的越轨行为，并使他们有着开朗的性格、美好的未来。

父母们应该无条件地爱自己的孩子。人无远虑，必有近忧。通过家庭性教育，使青少年学会性的自我保护，既能解除父母对儿女未来健康幸福的担忧，又能够提高我国的人口素质，真是利国利民、功在千秋的大业，何乐而不为呢?

亲子双赢：父母——面对挑战实事求是性教育

孩子——是非分明心有灵犀有心计

peiyangchenggonghaizi40zhao

26

支持创造 勇于创新，是成才路上最宝贵的素质

第26招

创新智慧，成才必备，独立思忖，笑对权威；

做事严谨，常规不违，标新立异，终生作为。

近年来，我们都知道应该培养孩子成为创新型的人才，但日常往往停留在口头上，停留在孩子的课堂学习上，或认为只有学习成绩优异的孩子才有可能进行创造。由于种种清规戒律，许多孩子的创造性被压抑，喜欢标新立异的孩子，有时甚至被当做不安分守己的“坏孩子”。

陶行知先生曾说：“‘生活即教育’，是叫教育从书本的到人生的，从狭隘的到广阔的，从字面的到手脑相长的，从耳目的到身心全顾的。”

每个孩子都有独特的创新精神，不要因为他的不完美、不成熟而否定。创新精神强的孩子常常是个“有争议”的孩子，因为他们冲击了权威，违背了陈旧保守的观念。当人们产生争论时，父母应该毫不犹豫地保护自己的孩子，发现、支持、保护一点一滴创造力的闪光点，就是保护人类的未来。

今日世界“变幻”无穷，父母感到孩子也同样是“变数”太大。有些父母常忧虑重重，不知道孩子要做出什么荒唐事来。作为一个家庭，要尽量少受些外界的负面影响，父母对孩子要坚持一些“常规”，才能逐步引导孩子对自己的行为负责。

美国思想家爱默生说过：“一个人的个性，便是他整天所想要做的那一种人。”而这种人被我们称为“榜样”。榜样的力量是无穷的，他就像太阳一样，永远照耀我们的人生历程。

○ 典型个案

下面的两个实例，说明许多人可以创造自己美好的未来，创造史无前例的奇迹。

个案一　奥运冠军年轻无畏

在2008年的北京奥运会上，我国运动员在体操项目中拿到9块金牌。尤其是刚刚20岁的四川籍小将邹凯，他第一次参加奥运会，就一人独得三枚金牌，这在我国是史无前例的。

邹凯自从开始练体操，就以奥运冠军李宁和李小双为榜样，他的勤奋刻苦精神和对动作一丝不苟的认真态度，成就了他的冠军梦想。而榜样的作用就像一把金光闪闪的尺子，如果能够时时用来衡量自己，这便是一种可贵的“自知自强”的才能，促使自己明确努力的方向，并始终如一地付诸努力行动。

个案二　闯出成长新路的女孩。

莹上高中时，在班上学习成绩中等，是个沉静稳重的女孩。当高考进入“倒计时”，别人都废寝忘食地复习时，莹虽然也复习功课，但显得平静悠闲。文化不高的父母没有问过女儿想考什么大学，莹却在高考前夕对父母说：“我不想考大学，我不会拖累你们，自己会谋生，你们放心吧！”当同学们在高考考场紧张答题时，莹在一家饭店当起了服务员。莹一边工作、一边学习成人大学课程，她用三年时间拿到了本科学历。当她的同学毕业时，她已在一家合资公司成为月收入数千元的白领职员，令人刮目相看。

个案三　逆境促人创造奇迹

世界顶尖的潜能大师安东尼·罗宾曾讲过这样一段小故事：一位已被医生诊断为残疾的美国人，名叫梅尔龙，靠轮椅代步已12年。他19岁那年赴越南打仗，被流弹打伤了背部下半截，被送回美国医治。经治疗他虽然逐渐康复，却没法行走了。梅尔龙整天坐着轮椅，觉得此生已完结，有时不免借酒消愁。

一天他从酒馆出来，照常坐轮椅回家，却碰上三个劫匪，动手抢他的钱包。他拼命呐喊和抵抗，却触怒了劫匪，他们竟然放火烧他的轮椅。轮椅突然着火，梅尔龙忘记了自己是残疾，他拼命地逃走，竟然一口气跑完了一条街。事后，梅尔龙说：“如果当时我不逃走，就必然被烧伤，甚至被烧死。我忘了一切，一跃而起，拼命逃跑，及至停下脚步，才发觉自己能够走动。”后来，梅尔龙找到一份不错的职业，他身体已确实康复，与常人一样地走动。

○ 个案分析

人类的本性中有一种强烈的倾向，就是希望能彻底实现自我，成为自己想象中的样子。思想家也说："我们一切的表现，完全是思想的结果。"

榜样引导着一个人思考自己的命运和行动方向，榜样具有决定命运和结局的力量，这是一个真理。许多成功的人士之所以能实现他们的梦想，主要是从榜样中得到的智慧和力量，将渴望和思想具体化、形象化，他们具有按照成功来思考问题的习惯。

英国小说家毛姆曾说："人生实在奇妙，如果你坚持只要最好的，往往都能如愿。"

传统的教育观念和态度是：枪打出头鸟，杀鸡给猴看；乖巧听话的是天才，尊师重道者有前途；按部就班升学是好样的……这样，大多数孩子就得不到权威的肯定，但事实上大多数孩子仍旧是有发展、有前途的，会成为社会的栋梁。

因此，我们不能用同一标准来衡量每一个孩子。若是父母不能摆脱权威和"标准化模式"，就会对孩子造成压力，并打击孩子的进取心、自尊心。

其实，儿童是处在最富于想象的年龄，他们需要一个广阔的平台，他们更需要挥洒想象的大笔来绘制创新蓝图的机会。不要替孩子决定与他们自身有关的事情，让他们学会自己选择，并勇敢地表达自己的创新。在许多国家，已经实施了中小学生自己自由选择课程的教学方式，根据课程内容设置专门的学科教室，让孩子与自己有兴趣的知识、技能亲密接触，这样孩子就可以运用自己喜欢的色彩，绘制出五光十色的作品。而今，我国的学校教育还难以满足孩子"选课"的自由，父母们应该在孩子的课余时间给予他们更多想象和创新的时间与空间。每个孩子都有天才画家和发明家的潜质，给他表现的机会吧！

近年来，我们都在说要培养孩子的创新能力。可是，有些家长会问，孩子连课内的学习都没有搞好，学习成绩不好，还怎么有资格创新？一些具有创新精神和能力的孩子，为什么得不到家长的肯定？为了成绩名列前茅，孩子不得不舍弃自己的许多兴趣爱好，又怎么创新？

○ 建议与谋略

孩子正在成长过程中，就像一座埋在地下的丰富宝贵的矿藏，当别人还不认识他的真实面貌时，他就会身处逆境，还难以表现出自己的存在价值。作为一个现代社会的青少年，孩子要珍惜自己，要振奋起精神，让自己快乐轻松起来，全神贯注地投入学习，为自己的理想努力奋斗！这样在不久的将来，他就可以用自己的实际行动和学习成果，来展示一个真实的自我：是金子，就总会发光的！

《北京青年报》曾报道，美国现代教育理论认为，学校应该为学生提供四部分的课程：一门个人成长的课程，包括自尊和自信的建立，处理人际关系的技巧；一门生活技能课程，包括创造性地解决问题和自我管理；一门学习如何学习的课程；一门具体内容的课程，综合有各种主题。难以想象，一个连自己的心理世界和个人成长都不了解的人，又如何发挥自己的潜能，如何能够进行创新呢？

父母们要发现和鼓励孩子创新思维的任何一点微弱的、幼稚的闪光，由此激发他的好奇心、求知欲。哪怕是一点点的创造火花，也是最伟大的火种，父母应该小心谨慎地保护这一火种，并让他燃烧成燎原的大火，这样孩子便会在今后成就一番大事业。

俄罗斯作家契诃夫有一句名言：“世界上有大狗也有小狗，小狗不应该因为大狗的存在而慌乱不安，所有的狗都要叫！”小狗也要大声叫——就按照上帝给它的嗓门叫好了！

一百多年前，契诃夫把大作家比做“大狗”，把小作家比做“小狗”。他鼓励“小狗”们大胆创新，在文坛上发出有自己特色的“叫声”。“小狗也要大声叫”，说得多好，不但是作家的写作，契诃夫的名言对今日的家教同样有着借鉴意义。

在家庭中，父母不能不承认自己处在“大狗”的位置，那么，您也应该让孩子——“小狗”自信起来，让他大胆地、高声地叫吧！如果在家里孩子不是敢于高声叫唤的“小狗”，而是胆小自卑、唯唯诺诺的“避猫鼠”，那么他走到学校和社会上，还能够做勇敢地高叫的“小狗”吗？

所谓创新精神，最开始也许就是一篇与众不同的作文，就始于勇敢的“小狗”之叫！

如今，我国学校教育基本上是“纸上谈兵”，如果孩子在家里和社会活动中也还是没有机会“操练”，难免会成为“肩不能挑，手不能提”、弱不禁风的书呆子，这样即使学历再高，又有哪个单位敢要呢？北大毕业的陆步轩，操刀卖肉，并开发了数家“眼镜猪肉连锁店”，他是一个不同于普通卖肉师傅的“高学历经营者”。清华大学的博士生董冰，停学创业，成为全国维修电动自行车第一人，并打算在郑州开20家连锁店……这些实例都告诉我们，学会做成功一件事情，才能成为社会所需要的有用人才。

为此，我们建议家长们这样做：

①创造条件。使孩子有机会运用所学知识，解决学习和生活中的具体问题；

②劳动实践。引导孩子了解工农商等各行各业的情况，寒暑假应有参与社会实践的机会；

③志愿服务。大中学生应做社会的志愿者，通过为他人服务学会做事和创新；

④积极参与。孩子应参与体育、艺术、科学、环保等活动，锻炼技能和社交能力；

⑤动手操作。教孩子使用家庭常用的工具，参与清洁卫生、厨房操作、电器维修等；

⑥尝试创新。鼓励孩子自己设计理想和未来的职业，在日常生活和学习中尝试创造。

现代人是有能力主宰自己未来的发展的，因此，父母要引导孩子远离“十全十美”的陷阱，敢于标新立异，不怕失败挫折。在高科技迅速发展的信息时代，力求使自己的思维与行为方式科学化，这是现代人应具备的良好心理素质。

亲子双赢：父母——鼓励奇思妙想可造奇才

孩子——坚持与众不同即为独特

peiyangchenggonghaizi40zhao

27

约法三章 家规严整，是可贵实践能力的获得途径

第27招

施展才华，敢做赢家，科学法则，稳扎稳打；

百折不挠，探索冒险，遇事三思，力求胜算。

在家教中，父母可能较多地叮嘱孩子遵纪守法，但令人不解的是，许多家庭内部却缺乏必要的家规，以致酿成了许多家庭悲剧。然而，冰冻三尺非一日之寒，让我们从“冰山一角”来深入剖析一下缺少家规的不良后果。

所谓规则意识其实就是公民意识，培养一个有责任心的公民。这就意味着，一个孩子无论年龄大小，都要能够自觉做到：在家讲美德，在校遵校纪，校外守公德。虽然是家里教、学校讲、社会管，有的孩子说话、做事、习惯、待人、处世等，却还是常常不讲规则。是学习成绩重要，还是规则意识重要？这是家长们应该认真思考的。

孩子最需要的不仅是优越的物质条件，更需要家教的优良的“软环境”。如果父母在做人和做事方面，给孩子很好的恪守社会规则的榜样，就不必过分担心孩子的未来。

○ 典型个案

任何创新都需要探索，也需要冒险，没有探索的耐心，没有冒险的勇气，就不能有新的发明创造。当孩子有探索欲望时，当孩子想冒险去尝试某些事情时，父母应该扮演什么样的角色？又应该给孩子什么引导和帮助？下面的实例请父母们思考：您会怎样做？

个案一　探索但要守规则

①儿子要炒股。初二的小毛对股票有兴趣，找来许多有关股票的书在看，并对爷爷说：“我要用我的压岁钱炒股！”经过全家讨论，同意了小毛的想法，但有前提：一是不能影响学习；二是赔钱自己承受；三是要记录炒股情况。经过一年的炒股实践，小毛有赚有赔，赚了几百元钱，还经常与爸爸和叔叔讨论炒股的心得，他的学习成绩也比较稳定。

②上山去探险。某校高中学生，得知郊区有一个新的旅游景点，据说是一座非常有特色的险峻山峰，但也有几分危险。于是，6 名男女同学秘

密策划，放暑假后去那座山上“探险”。

他们订立了“共守盟约”：除这六个人外不能告诉任何人。但没有料到，他们在黄昏时迷路了，没有手机信号，没有指南针，没有下山的绳索，本以为当天可以返回，因此什么准备都没有，他们被困在了一个山洞里。一位体弱的女生生病了，发高烧，别人不知该怎么办……8 天后，他们被人们找到，但那个生病的女生永远离开了伙伴，付出了生命的代价。近年媒体有过多例类似的报道，为什么孩子不能告诉父母自己的去向?

③发明家女儿。小昱热衷于小发明，她有几分男孩的性格，从小就爱对玩具拆拆装装。她的父亲非常支持女儿的兴趣，并给她买了一些拼装玩具，还教她使用各种工具。从小学到初中，小昱在多次青少年的小发明竞赛中得奖，还参加了发明协会。上高中后，学习难度加大，小昱的学习有点吃力。还要不要支持她搞小发明，关于这个问题，父母和周围亲友有着争论。

经过父母对小昱的观察，她逐步掌握了高中的学习规律，虽不一定名列前茅，但成绩在中上游，还算比较稳定，父母仍支持小昱参加与创新发明有关的社团活动。后来，小昱作为“科技特长生”，被某大学录取，加入了边学习、边创业的大学生行列，多次参与大学生创新竞赛。

个案二　少年违法也要付出代价

①校园小霸王。初中一男生张某打人骂人成性，成为校园“小霸王”，终因殴打同学导致重伤，被少年管教三年。他在家里是“小皇帝”，父母管不了时就暴打一顿，使孩子性格暴躁，为所欲为，终于在打群架中伤害了同学，需要付出惨痛的代价。

②花钱难消灾。有的孩子在外惹祸，父母赶快出钱找人“私了”，以免孩子“受苦”。

初三男生万某多次偷窃他人的钱物，数额较大，父母加倍赔偿失主，又贿赂受害人，使失主不去报案。两年后万某加入一青少年犯罪团伙，犯了抢劫与强奸罪，被判刑十年。

③乱伦何以堪。一个18岁的男孩，以食品、礼物等诱骗自己的表妹，多次对她实施强奸，并威胁她不许告诉任何人，但终被告发而判刑。近年此类案例有增加的趋势，易发生在16～24岁男孩与亲友之间，他们都有深重的罪恶感，但自控能力较差，难道父母不该反思吗？

个案三　关系国家法律法规

下面的问题是应该引起父母们思考的：

①如何对待盗版。某中学对数千名学生进行调查，竟有85%的学生承认买过或用过盗版的VCD、软件或书籍。大多数家长认为，不知道孩子的事，用盗版不就是为省一点钱吗？我们不买也有人买。言下之意，打击盗版是政府的事。

②如何对待贷款。网络上多次报道，得到国家贷款的有些大学生，在毕业工作之后却不按时归还贷款，有的甚至杳无音信。当初的感激涕零和“报效国家”的誓言是真是假？为什么没有信用？他们的父母又该负什么责任？如果这样的青年进入社会，今后银行还能给他任何借贷吗？要知道，在许多国家都有“个人信用档案”，我国也正在逐步建立起来。

③如何对待财产。北京某女士在体育彩票抽奖中获大奖数百万元，她为了使孩子安心学习，决定对孩子严格保密，并一如既往地要求孩子勤俭节省，尤其请求电视记者不要采访她，这位母亲何等用心良苦。相反，有的家庭因富足起来，孩子就成了大把花钱的浪荡公子；有的家庭因孩子出手抽奖中奖，究竟奖金归谁，家人之间竟然打起官司，甚至闹离婚。

这都是值得父母深思的实例。无论家里经济状况如何，父母的财产与对孩子的情感一定要分清楚，情感与金钱不能混淆。

○ 个案分析

有教育家说，儿童是父母的镜子。虽然不能说孩子不守社会规则都是向父母“学”来的，但多半还是有家庭教育方面的某些因素。而家长往往感到对小孩子的行为无可奈何，不知用什么办法可以培养、增强孩子的“规则意识”。

世间万物，没有规矩不成方圆；孩子成长，没有规则不能成人成才。国有国法，校有校纪，家有家规。而如今有些孩子“规则意识”淡漠，违规犯错成家常便饭，为了表现自己，甚至敢于铤而走险、以身试法！当前儿童规则意识淡漠主要表现在如下几个方面：

①心理幼稚，自控能力差，意志薄弱，明知故犯；

②酿成恶习，缺乏良好行为习惯的训练，造成个性上的严重缺陷与扭曲；

③以自我为中心，不懂社会规则，自私愚昧，为了个人私利，可以不择手段；

④投机取巧，侥幸心理，自作聪明，眼高手低，学生考试作弊，就是蔑视学习规则；

⑤忌妒仇恨，采取攻击报复的行为，不计后果，不负责任，因平时过分任性所导致；

⑥逆反心理，随心所欲，我行我素，冒险刺激。

社会的改革开放注定了新生事物层出不穷，对新鲜东西敏感是孩子的特征。而在新事物出现时，往往伴随着社会上的某些“乱相”，家长也应了解新的东西及其相关的社会现象，这样才易于与孩子产生共同语言，并及时发现孩子可能产生的问题。

而家长对家规意识的淡漠也是有原因的，分析起来可归纳为以下几点：

①家庭变革的影响。家庭小型化和独生子女的现状，导致对孩子的溺爱；

②重智轻德的观念。学习放首位，忽视对孩子的品德教育和行为习惯

的训练；

③社会变革的影响。对孩子的家庭教育功能被忽略，父母工作紧张，对孩子不够尽责；

④社会导向的缺陷。缺乏与家庭功能相关的立法，孩子监护人的责任义务不够清晰；

⑤法制教育的局限。预防违法犯罪，应从家庭和孩子幼小时开始，父母却缺失相关知识；

⑥家规制定的示范。缺乏蓝本和相应的教育，大多数家庭几乎是空白。

○ 建议与谋略

一位赴德访问的学者，报道了一位德国企业家的做法，他坚持不让自己的孙子坐家里的汽车上学，而让孙子与别人一样走路或乘坐校车上下学。在中国，又有多少家长能够这样做?

培养孩子的规则意识，是孩子适应社会的一种人生必修课，需要家长足够的重视，并要懂得科学的教育方式，如此方能使规则教育奏效。要知道，良好的秩序和规则是社会可持续发展的基础。

英国作家瓦谢尔说过："自然界中没有奖赏和惩罚，只有因果报应。"

社会与大自然都有自己的发展规律，因此人类的思维、行为也要有遵循的规则。

在家庭中制定家规，对孩子的言行举止进行规范绝非小事，而应看做孩子成长的一部分，是不可掉以轻心的。

如何对孩子进行法制教育？在家庭中如何对孩子约法三章？我们建议父母可以这样做：

①规则教育从小做。引导孩子多参加集体游戏和体育活动，从中领会规则的内涵；

②制定家规不含糊。与孩子生活学习有关的事情，都要明确规则纪

律，不可放任自流；

③出错检讨不迁就。发现孩子有错误违规的言行，应要求其认真检讨，避免重复错误；

④发现苗头即遏制。对孩子某些不好的言行或不良的习惯，及时发现，并设法尽快矫正；

⑤以身作则做榜样。父母要成为遵纪守法的榜样，不用暴力，言行得体，令人口服心服；

⑥约法三章要务实。如对家务劳动、作息安排、学习运动、上网娱乐等，都要在孩子的参与下逐步制定具体的规则，公示条文，要求孩子说到做到，并且要有奖惩措施和认真的记录。

美国学者爱默生说过："品格是一种内在的力量，它的存在能直接发挥作用，而无须借助任何手段。"天才的人是一棵枝繁叶茂的大树，纪律性、守法意识行为和意志力是其中不可或缺的粗壮枝干。从小树苗开始，就应该给它必需的阳光雨露，也让它能够抵御风雨，这是成才的秘诀。

亲子双赢：父母——身先垂范润物无声讲章法

孩子——自律慎独规则意识潜入心

peiyangchenggonghaizi40zhao

28

竞争指导 认识自我，激励孩子敢于挑战和竞争

第28招

敢于竞争，逆境奋进，潇洒自主，面对议论；
思维大胆，见解出众，勇于表现，坚强个性。

培养中小学生健康的竞争心理，是当前的关键问题。中小学生争强好胜，总想走在别人前面，这并不是什么坏事，这种心态是日后成才的一种基本动力。这种心态的正常表现是一种健康的进取心，对学习和课外活动容易产生浓厚的兴趣，敢于自我表现，有积极的竞争心理，但竞争的目的绝非为“打败”别人，而是为了展示自己独特的个性。

由于争强好胜的心理需要未得到满足，有的中小学生产生对别人的不服气、气急败坏、怨天尤人、意欲报复等复杂、消极的心理，这就是忌妒心理。有的学生自己不求上进，或技不如人，也会对成绩好的同学产生敌意；有的学生把分数比自己高的同学的姓名记在小本子上，向自己所谓的竞争对手找茬，挑剔他们；有的怕别人知道自己的学习方法，与同学交谈时闭口不谈学习上的事，学习参考书也对同学保密，绝不借给他人；更有甚者，将别人的教科书、参考书藏起来、毁掉，使别人不能复习等，这些都是极不健康的竞争心理。

学生的所谓竞争主要表现在考试当中，而考试成绩只是对个人某时段学习能力的评价，人与人之间本来相互没有影响，谁都可以获得高分数。而当考试成绩似乎成了一张表明个人学业成功与否的“标签”时，它就变了味道，有的孩子总以为“自己没有考好，就是竞争对手在搞鬼”……但一个人的成长和发展要看十几年、几十年呢，怎么能只看某一考试分数?

显然，家长引导孩子正确对待考试的实质，就是培养其健康的竞争心理。

○ 典型个案

个案一　自信心挑战“考试紧张综合征”

有一位备受“考试紧张综合征”折磨的初三女生A来进行心理咨询。她患有“紧张性头痛”，一到快考试头痛就特别严重，这是典型的“考试紧张综合征”。其实矫正这种症状也不难，笔者要求她做到三条：

①你要对自己说：考试与平时做作业一样，没有什么可紧张的；

②学会“不头痛学习法”。意思是逐渐延长不头痛的学习时间，如果出现头痛症状，应该先停止学习，你可以听音乐、做运动，使自己通过深呼吸达到精神上的放松，就可解除头痛；

③制订一个计划。比如利用寒暑假来使自己学会轻松地学习，巩固“不头痛学习法”，你就会彻底摆脱“考试紧张综合征”。

我送给她一个顺口溜：打仗取胜靠士气，应考冷静靠心绪，备考心态要稳定，有张有弛不泄气。

这个女孩在参加中考前的一年时间里，一直与笔者保持联系。因为她的父母只是望女成凤，希望她考上省重点高中，她需要理解和心理支持。笔者对她说：条条大路通罗马，不要把自己的升学之路弄得过窄、过死，如果对自己的期望值适当，就容易排除过度的紧张。这个女孩终于摆脱了父母的“诱惑”，她没有填写那个让人高不可攀的志愿，后来她如愿以偿被某中学录取，在高中的学习也比较顺利。

个案二　平常心面对“失眠症”

男生B对周围同学讲起自己的中考经历：我从中考前两个月开始有些失眠，当时心里开始“打鼓”，心想坏了，反正我今年考不好了，就跟着“混”吧，大不了明年再考一次！这样一想，反而心理没有负担了，就不在乎自己睡得好不好，考试时也很放松，结果考上了一所重点高中。

个案三　孝顺女孩因祸得福

天有不测风云，人有旦夕祸福。一名平时学习成绩优异的女同学C，本是雄心勃勃地要考一所理想的高中，不幸的是，在她备考期间，母亲被发现患了癌症，父亲本来身体不好，一着急也病倒在床。家里经济又不富裕，不可能请保姆，女生C想：我只有一个慈爱的母亲，必须将母亲的病治好，中考考不好也没关系，明年还可以再考。她抱定这一决心，就一直陪同母亲检查治疗，又照顾父亲的生活，备考当然也不放松。当母亲出院时，她正开始中考，仍旧考取了自己理想的学校。

○ 个案分析

大多数人的压力是日常生活和工作中所遇到的问题，并不是无准备的意外情况造成的，因此没有必要过分紧张。如果是地震、火灾、洪水等意外情况带来的压力，在心理学上称为“应激状态”，需要人们动员全部的体力和智力来应对。所以说，这是两种不同的紧张状态，比如考试是学习的必要过程，是有充分准备的，如果以“应激状态”来应对考试的问题，就类似于“杀鸡用牛刀”。举重若轻，就是要以适度的紧张面对压力，做到镇定自若。

就像飞行员开飞机，虽然飞上天空有一定的危险性，但它更需要做到人轻松自如，因此飞行员需要很好的心理素质。“举轻若重”则相反，将预料中的、日常生活事件中可能出现的挫折、失利、不快等，都当做“火山、地震、洪水”，就会弄得自己出现极度的紧张焦虑，驱使自己企图马上去扭转“局势”而手忙脚乱，结果往往是欲速则不达。

有一种在中学生中比较常见的心理疾病，称为“考试紧张综合征”，它的表现如下：①从考试前开始担忧和紧张，尤其对于一些重大的考试，更是缺乏自信心；②出现身体上的不良反应，如失眠、食欲下降、头痛、胸闷、发烧、腹泻、腹痛等，可从考试前一直持续到考试之后；③考试过程中注意力容易分散，情绪不稳定；④考试后害怕公布分数。

根据对多例“考试紧张综合征”的分析，可将产生这种症状的原因归纳为以下三个方面：

①个体神经系统的过分敏感和脆弱性所造成的，与神经系统的类型及父母的遗传因素有一定关系；②对考试的看法出现定位错误，因而容易“乱了方寸”。当担心考不好时，就成天嘀嘀咕咕，心里像有十五个吊桶打

水——七上八下地折腾，这种焦虑情绪，使人不能冷静地复习功课和有劳有逸地安排生活；③思虑过度，好像心里“长了草”，考虑与考试无关的事情太多。

如果在考试前使自己做到“心静”，就可以好好按照所学课程系统地认真复习，而后再找出重点、难点、疑点，然后个个击破，使自己胸有成竹地去应对考试。

○ 建议与谋略

一位名叫道格拉斯·马罗区的美国诗人写下这样感人的诗句：

“如果你不能成为山顶的一株松，就做一丛小树生长在山谷中，但须是溪边最好的一丛小树；如果你不能成为一只麝香鹿，就做一条鲈鱼，但须做湖里最好的一条鱼；我们不能都做船长，我们得做船员……世上的事情，多得做不完，工作有大的，也有小的。我们该做的工作，就在你的手边。如果你不能做一条公路，就做一条小径；如果你不能做太阳，就做一颗星星。不能凭大小来断定你的输赢，不论你做什么都要做最好的一名！”

要以平常心来对待毕业与升学考试，父母们应该引导面临考试的孩子努力做到以下几点：

①要形成有条不紊的、有节奏的生活和学习。在考试前，最好是给自己列出一个清单：你有多少事情要做？每天做什么？如果有些外界条件你一时难以改变，就心平气和地接纳它，只做自己可以左右的事情，就可以减轻压力，对自己有一个适当的期望值；

②每次考试的成绩不要与别人比，要科学地分析和正确地评价自己。俗话说：“人比人，气死人。”要承认个体差异，把精力用在培养良好学习习惯和提高自己的学习能力上，踏踏实实做自己可以把握的、有可行性的事情；

③就是要找到一个突破口，然后进行多样性的尝试和实践。突破口就

是指你自己目前最需要解决并且又是你现在就可以开始做的事情，你应该义无反顾地去做。有了一个开端，其他问题也可以逐步地迎刃而解；

④变压力为动力，要建立适当的目标。不把分数高低看得过分重要，只要自己努力去作准备，尽量争取考得好一些，就是你最切实的目标，分数不是唯一的标准。不要使压力积累过多，而要通过行动使压力消除，你应该看到自己天天在进步。任何压力都可以转化为人的行动动力，要学会面对压力，举重若轻！你要把考试的压力看做像风霜雨雪那样的普通，像春夏秋冬变化那样的自然，这样你就会变得泰然自若，愉快轻松。

怎样使中小学生具备健康的竞争心理？家长应该从自己和孩子双方面的心理行为上加以矫正，主要可以从以下几个方面来和孩子进行心理沟通：

①肯定鼓励。无论孩子的现状如何，一个人的成才是要看二三十年的，某个方面失败或一时落后的状态是可以改观的，也是前进的一种动力，而自己的能力和潜力则是无限的；

②自信谦虚。忌妒心理和自卑心理是一对妨碍自己进步的“双生子”，是心胸狭隘和浅薄无知的代名词，要使孩子懂得，谦虚和自信才是使自己不断进取的法宝；

③开阔思路。明白“天外有天，人外有人”的道理，教孩子学会由衷地赞美别人，虚心地向别人学习，要敢于与全国、全世界的同龄人相比，并要看到自己与众不同的个性；

④行为训练。对孩子进行高效省时的学习习惯的行为训练：让孩子认真观察每一位同学、熟悉或陌生的成人，说出其优点和长处；多与同学交往，在相互交谈和活动中，发现别人身上值得自己学习的东西。与此同时，要懂得人与人之间的共性与特性的辩证关系；

⑤健康竞争。家长不以忌妒心理影响孩子，多给孩子讲一讲《将相和》《孙膑与庞涓》等故事，帮助孩子了解忌妒心的危害，同时肯定孩子的优势与特长，建立其自信心。

有的孩子所谓不求进取、竞争心理不强，但应该公平地说，这样的孩子心理承受能力较强，有自己的独立个性，今后社会适应能力会比较好。在中学和大学的所谓竞争，更多地表现在学习成绩的名次上，是否当选学生干部，是否在各种竞赛中得奖等。但在对一个未成年人的评价方法和标准上，仍有许多明显的弊病。试想，如果不公布考试成绩，不采用将成绩排名次的方式，是否更有利于帮助孩子克服忌妒心理，而注重自我的完善呢?

那么，父母又应该如何对待有争议的孩子?我们认为应遵循下列原则：理解尊重，肯定宽容，交流沟通；畅所欲言，鼓励个性，保护权益。

健康的竞争心理是以孩子健康的个性为基础的，因此对于孩子各方面的问题都应防微杜渐，因势利导。为此，作为父母应该更多地了解自己的孩子，客观地评价孩子，要看长远，不要过分在乎学校的评价，不为争名次而斤斤计较。

亲子双赢：父母——强化竞争意识育自信超人
孩子——超越自我敢于挑战优势强

peiyangchenggonghaizi40zhao

29

举重若轻 价值取向，明确轻重可立人生大志向

第29招

开阔心胸，举重若轻，化繁为简，水到渠成；

厚德载物，是非分明，举轻若重，品格先行。

教育不是注满一桶水，而是点燃一支永不熄灭的火炬。教育是一个逐步发现自己无知的过程。教育的目的在于，让青年人做好准备，在一生中教育自己。

我们并不是努力通过教育只教会青年人谋生，而是教育他们创造生活。

家庭教育是一件举重若轻的事情：孩子的事情您不能替他做，要沉住气，您不可能包打天下，要做个称职的“场外指导”，耐心等待孩子自己成长就行了。

家庭教育又是一件举轻若重的事情：在孩子的成长过程中，什么事情都可能发生，不仅可能有错误、叛逆、疾病，还可能有失恋、越轨、违法甚至犯罪……孩子的心理、个性常常是看不见、摸不到的，但父母的教育可以在关键时刻帮助孩子把握他们的命运和发展方向。

○ 典型个案

个案一　钻研经济学的男生

初二学生小澎是一个颇有个性的男孩，他在课余时间自学了许多有关经济学的书籍，并立志今后成为经济学家。而他的父母认为他很聪明，但“不务正业”，经济学那是大学生才能学的。父母一直要求他考试成绩必须门门达到95分以上，并为他报名参加了多项课外英语、物理、数学等培训班。但随着青春期的到来，他有了自己的主见，上初二以后，他说：“学校的课程，我考个80分就行了，我要钻研自己喜爱的学科，为什么非要逼我学习我不喜欢的东西?”家长担心他这样下去会影响中考的升学，就带他来找心理医生咨询。

而小澎语出惊人：“父母对我是‘哀莫大于心不死’，非要逼我按照他们的意愿学习。我可是哀莫大于心死！我做不到，我不会再去一心争高分了，请他们死了这条心吧！”

心理医生问小澎："如果你不能顺利升学，将来又怎么成为经济学家呢?"

小澎胸有成竹地说："这不用父母操心。我看过《三国演义》，书中说'哀兵必胜'，很有道理。如果我想升学就会努力应考，我有这个实力！只希望家长不要干涉我的兴趣爱好。"

个案二　想休学的初三女生

一位初三女孩和父亲来进行心理咨询：这个女孩目前学习成绩很差，没有心思读书，她对父母说："我要休学，然后重新读初三，争取考上高中！"但现在她尚未办理休学，却已完全放弃了学习。那么，她的话是否可以相信?

个案三　如何看待孩子的兴趣偏好

家教应该怎样帮助孩子走向成才之路，确是大有学问的。在许多家庭中父母们"一相情愿"的"教育"，常常扼杀了孩子自强不息的可贵精神萌芽。

①小刘是个特别喜欢科技发明的初一男孩，他收集了许多科学发明方面的书籍，甚至省下吃早饭的钱去买杂志，但因学习成绩不理想，父母把他的课外书都没收不让看了。

②小秦是个特别迷恋社会科学的初三女孩，她熬夜写出自己的许多"著作"，并找社科院的专家请教，可是父母亲友对她的评价是：不正常，走火入魔。

③作为高中生的小闽，他的文学爱好也得不到家长的支持。他们甚至完全禁止他在家里看小说，他就多次以离家出走反抗，但无济于事，父母仍旧不理解他，并认为搞文学没有前途。

④五年级的小笠，本是个人人称赞的聪明女孩，她从小就对服装设计有浓厚的兴趣。望女成凤的爷爷却搜罗了全国各省市的考卷和"篇子"，天天让小笠"吃偏饭"，做大量"家庭作业"，并打算让她"跳级"，考大

学的“少年班”。小笠终于不能忍受而离家出走以示反抗。

○ 个案分析

美国当代教育家布鲁姆曾经指出：“教育者的基本态度应是选择适合儿童的教育，而不是选择适合教育的儿童。”素质教育，作为一种以全面提高全体学生的基本素质为根本目的的教育，是与应试教育的“选拔性”和“淘汰性”相对立的。素质教育不仅重视学生知识和技能的掌握，更重视学生创造性、潜能和个性的发展。在当前的转型社会，素质教育也应走进家庭，父母应该以“润物细无声”的方式来实施家庭的素质教育。

脑科学研究的成果表明，人具有巨大的潜能，尤其是儿童和青少年都有不可估量的巨大潜能。潜能被称为“沉睡在心灵中的智力巨人”，是每个人身上有待开发的金矿。

心理学研究证明，学习成绩只反映了孩子智商的30%～40%，而一个人事业的成功，15%靠智力，85%靠非智力因素，各种非智力因素则大多是在课堂外的活动中培养和获得的。

请家长们记住这个中学生的警告：哀莫大于心死！千万不要使孩子对父母失望和失敬。为此，家长们应该转变教育观念，多为孩子的成长做一点实事，孩子需要的只是理解和支持，那么就从自己孩子的身上做起吧。

美国前总统尼克松曾说过：“中国教育从小教孩子服从，不准离经叛道，结果失掉了达尔文和爱因斯坦。”

润物无声非急功，父母对于孩子应是滋润禾苗的雨露甘霖，而不应急功近利，不要一味以“生长激素”来拔苗助长。一个孩子有他的理想和想法，并且能够积极行动，真是非常难能可贵的。

我国现代专栏作家宣永光在《老宣放言录》中写道：“无道德，是狗才。无知识无道德，是弃材。既无知识又无道德，反自以为有知识有道德是杀材。”作家的说法极有道理，社会现实也说明，形形色色无道德、无知识的人都不可能成材，只会成为祸国殃民的败类。

良好的行为习惯和有科学规律的生活尤其是高效率的学习，是学业成功的可靠保证，也是品德培养的依据。例如北京的一所市重点中学，要求高中学生必须每周安排两小时以上做社会志愿者，并在高考前最紧张的一个月里，还两次组织学生去做社会服务工作，但这并未影响升学率。当前，在家教中较多的是运用“说教”，有的家长以为“多说”就是“教育”其实，家教的效果必定落实于“行为习惯”。听到的会成为“耳边轻风”，看到的也可变作“过眼烟云”，只有实践了、体验了，才能成为孩子自己的自觉“意志行动”。

处在半儿童、半成人时期的青春期的半大孩子，必然要经历一个从混乱走向有序的复杂过程。他们要重新去适应一个崭新的自我，在这个特殊的人生发展阶段，非常需要教师和家长的理解、信任、尊重、指导和心理支持。专家学者们对中学生的调查研究证明，约30%的中学生存在心理异常的表现。在面向社会的心理咨询工作中，70%左右是中小学生和他们的家长。青春期是中学生的心理断乳期，是摆脱对父母和其他成人的依赖，走向独立人的过程。

而如今的中学生生理发育前倾，性发育比三十年前提早了1~2岁，但心理发展相对滞后，自主性和独立意识方面常常与其年龄不相符合。青春期家教滞后，使孩子心理准备不足。

家长与青春期的孩子容易发生冲突和关系紧张，其主要原因是父母对青少年缺乏理解，在教育观念和方法上存在一些问题，可将有关问题归纳如下：

疏导滞后，苛责偏见，强制禁令；态度矛盾，主观武断，隔离封闭。

○ 建议与谋略

在古代的《周易》中，有这样的精彩词句：“天行健，君子以自强不息；地势坤，君子以厚德载物。”它的基本含义是这样的：天的运行是刚健不屈的，它不受人世的兴衰治乱的影响，也不为任何艰难险阻所挡，按自身的规律，永恒不止地前进。因此，将刚健视为天的高尚品格。《象传》的作者要求人要效法天，刚健不已，自强不息，不因困难而阻，不因失败而气馁，一往无前，努力进取，永无止境。

“自强不息，厚德载物”是清华大学的校训，父母们多么希望孩子依此校训成才，能够成为清华等名校的学子。

柔顺是“地”的性格，以补偿“天”的性格刚健之不足。“地”的柔顺性格主要体现在：“地”幅员广阔，其体深厚，它生长万物，滋养万物，而万物并蓄。这种公而忘私、宽厚为怀的品德，就是“厚德载物”。因此，人在效法“天”的刚健的同时，还要效法“地”的柔顺，培养出公而忘私、宽厚为怀的高尚品格。

“自强不息，厚德载物”，它为中华民族树立了一个全面的、理想的品德。结合我们的家庭教育，一方面应引导孩子在品德方面效法天和地，贯穿他的终生，孩子自己能够形成高水平的学业抱负和学习动机，便会向着自己的目标努力。另一方面，对于为人父母者，还可理解为，父亲是孩子的“天”，母亲是孩子的“地”——家庭、父母应效法天、地，为孩子的成长开辟一个比较理想的天地星空、一个健康成长的自由空间。

因此，在这里笔者提醒父母们，举轻若重德为先，家庭中对孩子的行为习惯教育应做好三件事：

①少说。说就算数，要求孩子言行一致，不说空话，培养“诚信双佳”的道德意识；

②爱心。与人为善，要求孩子善待他人，提高情商，培养“我为人人”的道德情感；

③习惯。勤奋创造，要求孩子积极进取，自觉行动，培养是非分明的道德行为习惯。

要解决以上问题，父母们不仅自己要加强学习，还要多多与孩子沟通，向孩子学习，以一种举重若轻的态度，平等民主地对待青春期的孩子。如今的孩子在10岁左右就会跨入青春期，这是一个“危险期”，一个“急风暴雨”的时期。为此，我们建议父母们这样做：

①对孩子所选择的行为后果，要指出多种可能性，以引起孩子的思考和认真对待；

②将孩子的现状进行分析，使孩子正确认识自己，并对自己的今天和未来负起责任；

③向孩子指出可能选择的多元化道路，预测结果，不替孩子作决定；

④促使孩子积极行动，避免消极逃避，争取较好的前景；

⑤即使孩子的表现不尽如人意，父母也不必过分焦虑，孩子所走的弯路应由他自己承受。

只有一条路可以通往快乐，那就是停止担心超乎我们意志力之外的事。天然的能力犹如天然的植物，需要用“教育修剪”，但必须得法。

亲子双赢：父母——不辱使命把握轻重好人品

孩子——学会做人德智并重高格调

peiyangchenggonghaizi40zhao

30

尊重隐私 文明家风，孩子也有隐私不可忽视

第30招

私密隐情，应受尊重，自敬敬人，始于家庭；
代沟填平，信任互通，坦诚为上，其乐融融。

教育孩子的前提是理解孩子，理解孩子的前提是尊重孩子。一个孩子如果没有体验过被尊重的感觉，他也就不懂得尊重别人和自尊自爱，同时他的个性也会受损。

尤其是当孩子在10岁以后，逐渐进入青春发育期，生理上的成熟引起心理上的变化，一般会出现一种“闭锁心理”，开始有了自己的“小秘密”，不想把什么都告诉父母，这就是孩子青春期的“隐私”。应该说，这在青春期是很正常的现象。

孩子有了隐私不一定是坏事，这是孩子长大的一个重要标志。如果家长不理解，往往会发生严重的亲子关系的冲突。人与人之间的相处是应该坦诚的，亲子关系也不例外，但如果孩子失去了安全感和隐私权，坦诚就失去了真正的意义。

作茧自缚的蚕蛹，有它的一个辛勤工作的私密空间，才能抽出美丽的蚕丝，因此人们能够容忍它的“丝密”；幼虫的蛹，有它完善自我变化的“暗房”，才能变成五颜六色的蝴蝶，因此人们给它“幻化”的空间。美丽和多彩都需要经历“不透明”的秘密，这就是大自然的辩证法。孩子的成长也一样，因此请给他几分“不透明”的权利。

○ 典型个案

个案一　母女亲情来自尊重

15岁的小歌是一位美丽活泼的好姑娘，她的学习成绩很好，又是班上的学习委员。小歌从初二开始，在自己的书桌抽屉上加了锁。上初三后的一个星期六，小歌仍旧在上课。母亲收拾房间时发现女儿忘记锁抽屉，不由得拉开抽屉来看。这一看使她吃了一惊，里面有不少信件和贺卡，还有女儿的日记本。从那有的潦草、有的刚劲的笔体上看，大部分信件与贺卡是出自男孩之手。打开女儿日记本的扉页，一根粗黑的头发弯成“?”状，引人注目，细心的母亲发出会心的微笑，莫非女儿在试探父母？她轻轻地关上了抽屉……

个案二　“情书”曝光风波起

初二女孩莲，收到高中某男生写给她的“情书”。父母在搜查她的书包时发现了这封信，便如临大敌。父母立即逼迫女儿说与这男孩交往的情况，女儿说只是放学同路，偶然打了个招呼，说了几句话，没有什么深入的交往。父母不相信，便亲自把那男生的来信交给校领导和那男生的班主任，并要求男生做出检讨，保证不再找莲……结果，这件事闹得满城风雨，莲内心感到对不起那男生，在班上也觉得抬不起头来，是一个“出卖”别人的“叛徒”，男女同学都不愿理睬莲。莲痛恨父母，亲子关系恶化。莲执意转学，并从此孤独自闭……

个案三　主观臆断致裂痕

在另一个家庭，发生了一件令人遗憾的事情。小强是位个性倔犟的高二男生，他一直向父母声明自己的事可以自己处理，不必父母管太多。有一个星期，父亲两次发现自家的信箱里有给小强的信，不禁怀疑起来，而且看到信封上的字体很工整清秀，就猜想多半是有女孩给儿子写信。小强的母亲又看见儿子在星期天奋笔疾书，然后立即跑出去发信。两口子一合计：儿子交上女朋友了？这可不是小事！于是，“夫唱妇随”，父母开始“审问”小强了：

“那是谁给你写的信？字倒是很漂亮啊！你可别把时间都用在写情书上，你小子若是考不上大学，甭想那好事！”小强硬邦绑地说：“我没有女朋友，是初中的男同学来的信，他遇到难题了，我怎么不可以帮助他?”“别拿这话来蒙人，好汉做事好汉当，为什么不把信拿给我们看呢?”父亲说。“这是我的私人信件，为什么非给你们看?”儿子理直气壮地反驳。“瞧瞧，不敢给人看吧，还是有不可告人的秘密！”母亲火上浇油了。

小强正在气头上，他冲进自己的房间，三下五除二，把同学的来信撕得粉碎。父亲更火了：“你小子翅膀硬了，看我管不管得了你！你把来信的内容给我默写出来，不然，我就去告诉老师！”“你休想！我就不写！你不配当我爸爸！”

小强一气跑出了家门，到奶奶那里，不肯回家。在无可奈何的情况下，小强来找心理医生。原来，确实是小强的初中同学小李正上职高，他交上个女朋友。这女孩可以交往吗？如何应对？小李多次写信把自己的秘密告诉好友小强，并与他商量。小强认为这是小李的隐私，作为好友，自己应该为小李保密，不愿让父母知道，这不是很正常的吗？可父母为何不信任儿子？

○ 个案分析

教育家叶圣陶先生说过，教育孩子“如扶孩子走路，虽小心扶持而时时不忘放手也”。过多设置雷区，势必给孩子带来诸多心理上的障碍，从而使孩子不能坦陈心曲。

在许多国家，无论孩子的年龄大小，父母都会给孩子一个自己的“房间时间”（自己独处的时间，父母不干涉孩子），父母与孩子各做各的事情，互不干扰，他们都感到这是很好的相处方式。

有一位中学生说：“父母总希望我们是透明体，岂不知玻璃是透明的，然而也是易碎的。”

为人父母者应该自省：如果孩子信任您，一定会把心中的秘密告诉您。有些事情孩子认为是自己或同龄人的私事，没有必要告诉父母，那么就应该允许他保守秘密。若是两代人之间存在所谓“代沟”，孩子当然就会形成“自我保护”的心理防御机制，必然要设法保护自己的隐私。本来，每个公民也有保护个人隐私的合法权益，孩子、未成年人也不例外。

不可否认，有时孩子的隐私中也可能包含某些不良行为或是越轨行为，因为青春期本来就是危险期，孩子对父母越没有信任感，越有可能我行我素、铤而走险。

在一次有关“青春期隐私”的讨论会上，中学生鸿说：“我很欣赏国外一些家庭中的平等、理解、尊重的氛围，父母进入孩子的房间之前，先敲门，问一句：‘May I come in？’（我可以进来吗?）我们的父母从不这样做。父母的命令就是法律，表面上是为我们好，却从来不顾及我们的情绪和感受！”已经18岁的鸿，从来没有属于自己的空间，父母对他有一个规定：你的房间不许关门，父母可以随时监督你；考试的分数必须如实汇报，父母要看每次考试的考卷！理由是：父母是监护人，什么事情也不能对父母隐瞒！天真的鸿还去询问一些同学：你在家里，屋门可以关吗？结果，有2/3以上的男生、女生也与他有着同样的遭遇。

有的女生无奈地说：“唉！住房再改善，也没有自己的空间。除了换衣服可以关一会儿门，父母动不动就闯进我房间来，什么东西都乱翻，我就盼着快点上大学，躲开他们就好了！”

父母是孩子的教育者和监护人，但不等于是无所不管的“警察”，教育者是雕塑灵魂的工程师，应当讲求教育的艺术性。教育者要遵循教育规律，尊重受教育者个性的张扬，不能急功近利，以机械的外力扭曲稚弱的心灵，不能按主观好恶简单地评价是非。

那么，父母们如何看待这个问题？最好向法律工作者进行一些咨询，也应听一听孩子的意见，与孩子进行一些交流，这样您就会有一个正确的认识。

○ 建议与谋略

青春期是人生舞台上一幕最美好、最精彩的话剧，它可能伴随着许多浪漫的、令人难忘的小插曲。其中，收到“情人卡”“情书”或是“我喜欢你”“我爱你”之类的小纸条就是其中的一支迷人的曲子。此时的少男少女，是惊慌、害怕、兴奋、欣喜，还是不知所措？这就产生了一个很现实的问题：中学生应该怎样对待“情书”？父母们应该怎样对待孩子的情书？这应该有一个明确的科学准则，坦诚、开放，使孩子明确自己的行为准则，而不能有一点点的含糊不清。

在对中学生的青春期教育中，应该宽容地看待“情书现象”，不必大惊小怪，应引导孩子学会自己妥善处理这些问题，并在健康的异性交往中成熟起来。在家庭的青春期教育中，一般可遵循以下原则来指导中学生处理好“情书”问题。

①友好原则。对写情书的同学应该抱着与人为善的态度，不应有任何的敌意和偏见，仍可保持同学间的纯洁友谊。当然，也可选择“不反馈”的方式，使对方收敛和打消早恋念头；

②保密原则。应坚持中学生之间的事情自己解决，如确实遇到不通情达理者，某些复杂情况自己处理有困难时应该主动讲明，父母可以介入，并且应该及时求助于有关教师、心理医生或法律工作者等，参与的成人也应该为中学生保密；

③淡化原则。应避免出现以公开批评或处分方式来处理这类问题的局面，坚持淡化原则，不可小题大做。必要时，可以通过同龄人互相讨论对话的方式来解决问题；

④肯定原则。写“情书”给异性的并非“小流氓”，大多数中学生是正常的青春期性心理的表现，其主动与异性交往的勇气应受到肯定。收到“情书”的同学，可向写信者说：“你是我未来的恋爱候选人之一，人生的路还很长，以后看我们的缘分吧！”

⑤广泛交往原则。从异性交往发展到恋爱需要一个漫长的过程，即团体性约会——小组性约会——选择性约会——稳定性约会——进入恋爱期。而中学生还处在前两个阶段，应以集体和小组交往为主，显然应该广泛地交往，而不应过早陷入两个人的小天地；

⑥理智自控原则。中学生之间的情书、纸条等，常使一些同学陷入性幻想或单相思。中学生应该学会控制自己的情绪和情感，用科学的方法、

凭借意志和理智的力量来调节自己的心理状态，通过有益的集体活动，大方而潇洒地与异性同学交往，使自己的心理行为符合中学生的身份，而不可盲目模仿成人的恋爱和其他的性行为。

父母的平静和理智会深深地感染孩子。如果父母做到了这一点，孩子那一时的冲动就会被渐渐缓解，最终使自己的情绪稳定下来。像一溜烟、一朵云，像“润物细无声”的春雨，轻轻地飘走，淡淡地消失。事后，孩子也许会为自己当初的冒失而感到幼稚可笑、羞愧难当，还会从心底里感激父母的理智和尊重。而经历了类似的小插曲，每个孩子都会向成熟的顶峰迈出可喜的一大步。

亲子双赢：父母——亲疏有致尊重第一心有数
孩子——不卑不亢保护隐私是权益

peiyongchenggonghaizi40zhao

31

亲子融和 慈祥父母，收敛强势亲情为先

第31招

老爸老妈，亲切有加，心领神会，快乐老家；
心理断乳，坎坷步伐，少男少女，渐离爸妈。

在人生道路上，有些年龄段正处在生理与心理特殊发展变化的时期，青春期和更年期正好就都是人生的重大转折时期。在提倡晚婚晚育的现代社会，有不少家庭是在父母30岁以后才生育孩子，这样当孩子进入青春期后，母亲也接近更年期了。进入更年期也可称为人的“第二青春期”，因为当孩子跨越青春期走向独立后，父母减轻了负担，在事业和家庭生活上都会产生一个新的飞跃，因此，这也可以说是两代人共度美好的“青春期”。

然而，在有些家庭中却出现了亲子关系的严重冲突，“青春期撞上更年期”，很容易“擦枪走火”，影响两代人的工作和学习，而且使整个家庭沉闷、烦恼，亲子关系紧张，甚至硝烟弥漫、刀光剑影，让人感到十分困惑和无奈。怎样做个受孩子接纳和欢迎的老爸、老妈是父母们的难题，那么最好是经常与孩子进行对话，多向孩子“咨询”一下。

○ 典型个案

对于孩子来说，父母应该是容易亲近的。而在现实生活中，做父母的有时在无意中所表现出来的言行，使自己在形象上远离了孩子，以至于孩子感到缺乏父母的爱，甚至会造成孩子的心理障碍。下面这个实例应该引起父母们深思。

在心理门诊，笔者接待过多例情绪忧郁的孩子。当家长带孩子来咨询时，就会发现一些共同的特点，与其父母近乎“完美”的形象形成鲜明对比的是，孩子显得弱小、忧郁，就像枯萎、焦渴的禾苗一样，亟待雨露的滋润。

14岁的女孩小丽，样子长得很可爱，留着蓬松的童花头，穿着鲜艳的运动服。

她的母亲留着披肩长发，穿着时髦的长裙和风衣，精心的化妆和修饰使她显得十分年轻；小丽的父亲穿着名牌的夹克衫，瘦高的身材，十分潇酒精悍。这一对夫妻介绍说，小丽从小乖巧听话，可随着年龄的增长，她性格越来越内向，尽管家中生活条件很不错，可她很少表现出天真和愉快，仿佛总是心事重重，并且特别爱流泪，也不向家长说心里话。他们很着急，但又不知该如何改变这种现状。当笔者单独与小丽交谈时，她却轻声细语地说出以下的一番话：

“我知道，爸妈不喜欢我，我没有妈妈长得漂亮，学习成绩也不拔尖。可是，我对学习很努力，我不贪玩，老师们还是常表扬我的，就是我不太聪明。”

“你是班上的学习委员，怎么会不聪明？你的兴趣是什么？长大了要去做什么呢？”

“我喜欢唱歌、跳舞，可是爸妈说，唱唱跳跳是小朋友的游戏，对中学生没有什么用，重要的是必须考上一流的大学。可我觉得我不一定能考上重点大学，父母会对我失望的。我长大想当教师，可父母都不同意。其实人人都要上学，当老师多好啊！”

“你父母做什么工作？你喜欢他们吗？”

“我父母做外贸工作，经常出国。妈妈说英语可棒了，她有许多外国朋友，经常到我家来做客。每天妈妈总是化妆得很漂亮，可我不喜欢妈妈这样，她跟同学的妈妈不一样，同学的妈妈很少有化妆的。我不爱看到妈妈化妆，她好像戴着一副美丽的假面具，我觉得她很陌生。她有时间招待客人，可是没时间跟我说话，我总是感到很孤独、寂寞。我也不喜欢爸爸，他老爱教训人，好像我什么也不懂，好像我永远也长不大！”

○ 个案分析

这个女孩真令人同情，她那能力很强的父母却不能使孩子感到幸福和快乐。在工作中一贯扮演“强者”的父母，很容易将职业角色带回家。“过分完美”的父母常会使孩子感到自卑、窒息，这就是“亲子关系的危机”。当孩子进入青春期时，这类问题就更加普遍了。

强势父母有自己特殊的优势，在社会形象和事业发展方面是孩子的榜样，但也容易对孩子造成很大的心理压力。有的孩子甚至将事业成功的父母比做“两座大山”，因为父母老觉得孩子没出息、不争气，与自己的期望相距甚远。但是父母们也许忘记了，自己也是从不起眼的“丑小鸭”一步步蹒跚走来的，每个人总是有一个漫长的磨炼、成长到成熟的坎坷过程，您自己的孩子也不例外。父母事业再成功，也不能代替孩子的成长，做父母应该有一种平和务实的心态，才能够理解和正确评价自己的孩子。

2011 年 10 月 25 日《今日早报》报道：“6 岁男孩小灵（化名），最大的愿望是‘拥有一把枪，然后能一枪把妈妈打死’……”这孩子的话太令人震惊了！可见，强势的父母或是粗暴的管教方式，都可能导致孩子强烈的“攻击性”，形成心灵的扭曲，其后果不堪设想。

流行歌曲《快乐老家》得到许多歌迷的喜爱，人们太需要一个快乐的精神家园了。青春期的半大孩子虽然表面上不在乎父母的关心，实际上他们脆弱的神经更需要家庭的抚慰与精心呵护。父母应创造一个使孩子感到温馨与可靠的“快乐老家”，千万不要形成家庭的“内讧”“内耗”或是出现“不和谐音符”。

如今，社会上特别关注“富二代”“独二代”的成长。杭州富家子胡斌在闹市飙车撞死了大学毕业生谭卓；歌唱家李双江的儿子因飙名车、打人等被判少年管教……该类事件不胜枚举，引起社会上的广泛议论。这不禁也引起人们深思：父母有了钱，为孩子创造了良好的物质环境，但孩子是否将来会成为社会所需要的真正的强者？将来是否会有幸福的未来？他们的成长令人放心吗？这就要看父母是否称职和如何加以引导了。

父母给孩子的真挚、坦诚、无私的爱，是使其受益终生的宝贵的精神财富，是其他任何人所不可替代的。同时，您也会获得孩子发自内心的尊重和孝敬。如果父母们充分意识到孩子的这种需要，努力地、投入地做孩子心目中的好父母，您的孩子将会是最幸福的。无论父母是否“完美”都无妨，只要您爱孩子爱得恰如其分，那么随着时代的进步，您的孩子将会发展得比父辈更完美。这便是父母对社会的一种最伟大的奉献。

○ 建议与谋略

进入青春期的少男少女，正是“心理断乳”的关键时期，家长的责任是：应该帮助他们摆脱对父母的依赖，促进其情感和个性的独立，使其加入同龄人的行列，从而实现其自信心的建立。

良好的亲子关系可医治孩子的各种心理疾患，例如对于情绪忧郁的孩子，若能够得到父母的抚慰、拥抱、亲吻或共同游戏，孩子就可以重新快乐起来。当发现孩子情绪低落、与父母无话可说时，父母首先应该从自己身上找原因，并可从以下方面进行自我调节：

①时间。要寻找可以与孩子在情感上亲近交谈的活动方式，每周应安排固定的时间。比如父母与孩子一起散步、交谈、郊游、唱歌、讲故事、读书或观看体育比赛、文艺演出等；

②角色。与孩子在一起时，父母要真正进入自己的家庭角色，放下架子，考虑服饰打扮家常化。母亲在家时最好不化妆或化淡妆，使孩子感到亲切、自然，可以随意亲近；

③倾听。父母应耐心倾听，使孩子有宣泄的渠道，要充当孩子可信任的知心朋友与玩伴；

④满足。认真了解孩子的心理需要，及时满足他的合理要求；

⑤接纳。允许孩子有缺点和犯错误，平静地接纳孩子的不完美和幼稚；

⑥尊重。不要将成人的意志强加于孩子，对孩子要有充分的理解、信任和尊重，尤其应支持孩子有益的兴趣和爱好，尊重孩子的理想，做孩子的人生导师和顾问。

许多家教成功的实例证明，父母如果有蒸蒸日上的工作成就和乐观自信的良好形象，其自身就是孩子的好榜样。即使放手让孩子思考自己遇到的问题和挫折，孩子也会做出正确的选择。像小丽这样的情况，属于“环境适应障碍”，实质上却是亲子沟通的障碍。

对此，我们建议父母最好这样做：

①从容不迫。关键是帮助孩子稳定心态，父母要齐心协力、泰然处之，这是对孩子积极的心理暗示，可以增强孩子的自信心和安全感，并且可以感到父母是自己的强大后盾；

②方寸不乱。父母应该以自己成熟的个性来影响孩子，并与孩子讨论克服困难的办法；

③按部就班。父母专心致志地做自己的事情，同时也应该促进孩子形成开朗坚强的个性。通过磨炼孩子的意志，坚持不懈地解决面临的具体问题，就能够走上按部就班的正常轨道；

④激发热诚。父母应该掌握孩子的心理特点，肯定他的长处，激发他的热诚和进取心，这样一般都会收到预想的良好效果。父母就可以胸有成竹，帮助孩子解除心理危机的困境。

要让孩子在父母面前有一种稳定、安全、愉悦的心态，在家庭里得到理解、支持和尊重，家庭就会对孩子有一种强大的吸引力、凝聚力、召唤力，这就是“快乐老家”的功能。

亲子双赢：父母——亲子大爱宽容理智惊天地

孩子——有情有义孝敬为先泣鬼神

peiyongchenggonghaizi40zhao

32

科学评价 终生学习，学习习惯和方法比分数重要

第32招

实学真才，适应时代，善思求索，励学不衰；

评价人才，辩证对待，螺旋上升，规律明白。

在当今飞速发展的信息时代，尤其需要培养孩子成为思维敏捷、能言善辩、心灵手巧、身手矫健的创新型、国际型人才。在网络时代，学习的内容和方式都在发生着根本性的变革。

有些父母一看见孩子学习成绩不好，就气不打一处来，认为孩子天生不好学，“太笨”了！其实，每个智力正常的孩子都蕴藏着巨大的“心智潜能”，但这往往不是仅凭学习成绩就可以完全表现出来的。真才实学的获得是一个日积月累的过程，当世界进入一个终生学习的时代时，“会学习”是比学习、记忆多少具体的知识本身更重要的。

因此，对一个孩子的评价方式、学校考试方式同样在发生着变化。作为父母，应该学会超越各种停滞的和正在变化的标准，包括学校考试、他人评价、政治、经济、社会舆论等方方面面的干扰，来科学客观地评价您的孩子。

○ 典型个案

中小学生正处在长身体、学知识的生命的准备期，学与玩是一种辩证的关系，孩子不但要出色地完成学习任务，还应该有充足的休息和娱乐的时间，也要利用课外的活动时间来锻炼身体，丰富自己的知识，了解飞速发展的社会。因此，孩子要珍惜宝贵的时间，做到高效省时会学习。

个案一　学与玩的矛盾如何解决

小潇是个爱看课外书、又爱踢足球的中学生，他正上初二，可“玩”与学习的矛盾越来越严重。他本来是学校足球队的主力队员，因学习成绩下降，家长和老师都不让他踢球了，家里的课外书也被父母锁上，不让他看了，可他的学习还是没有什么起色。通过家教咨询，父亲指导小潇制订了严格的作息时间表，经过两个学期的自我训练，小潇有了长足的进步，他逐渐提高了学习效率，并以优异成绩考上了高中。

个案二　同伴互教效果佳

三年级的洋洋是个活泼好动的男孩，可学习成绩不够好。近来两次数学考试都成绩较差，老师怀疑洋洋智力上有问题，要求家长带孩子去测查智商。洋洋在某医院心理门诊测查智商的结果是：120，为智力优秀。那么他为什么学不好数学呢？

经追溯他的成长过程发现，洋洋在上学前被妈妈逼着学算术，因为他坐不住，经常挨妈妈的骂和爸爸的打。洋洋把算术与打骂相联系，产生了恶性条件反射，就特别讨厌学算术。而他学写字和拼音，是比他大3岁的小表哥教的，两个人学一会儿、玩一会儿，又在小黑板上画一会儿，洋洋还用硬纸壳给表哥做了一副“小眼镜”，表哥一戴上可真像个“大教授”。由于在洋洋心里，语文是与快乐的游戏相联系的，因此至今洋洋的语文学得都很不错。

个案三　小作家的学习与创作

北京女孩金今在2001年2月出版了自己的20万字的科幻小说《再造地狱之门》，首印就达10万册。而金今是一个小作家，她是吉尼斯世界纪录上年龄最小的中国小诗人，6岁就出版自己的诗集，迄今已出版了4部诗集：《5岁孩子的诗》《爱世界》《一团灵感》《心的呼唤》。金今是生活在单亲家庭的女孩，虽然是单亲，但母亲所给予她的特殊的爱，并没有让她感觉太多的自卑和冷落，反而让她比同龄的孩子多了一份成熟与独立。

让我们看看天才少女金今，是如何进行与众不同的学习和创造的。

①6岁时还不会说英语的金今，在紫竹院公园玩耍时，通过手势和绘画主动与一位外国老爷爷“攀谈”，一声“哈罗”，使她结识了前世界银行行长穆卢士先生，并结成忘年之交；

②金今写小说共用了六年的时间。开始有一个女孩与她合作，在她10岁那年，那女孩觉得写作太辛苦，不想继续参与，后来金今就用自己攒下的零花钱12元给了那女孩，“买断”了小说“版权”。此后，金今独立完成了自己的小说，她将写作当做紧张学习后的一种放松；

③金今从小就喜欢用电脑写作，她曾经也像其他中学生一样上网、聊

天，但她约见了一些网友后，有了切身的体验，便从聊天室里退出了。

时代在发展，学习的方式在变革。天才少女金今给我们的启示是：如今的孩子应该进行研究性学习、创新性学习，而不应该局限在课堂学习。

○ 个案分析

有些孩子在初中阶段学习成绩比较差，还没有掌握高效省时学习的科学方法，养成了学习拖拉磨蹭的坏习惯，往往使家长和老师感到很伤脑筋。结果既没有专心学习，又没有玩好。学习成绩上不去，当然被看做一种“罪过”，同时他们还被认为是生在福中不惜福，辜负了父母的期望。

学习效率提高需要自觉的自我训练，这是别人无法代替的。掌握省时高效的学习方式是人的一种能力，而学习知识的能力往往是一种“潜在”的能力。为了一生的可持续发展，个性化的学习能力对一个人的重要性，怎样强调也是不过分的。

一个人的所谓真才实学，是厚积薄发的结果。父母要帮助孩子形成良好的学习习惯，发展自己的兴趣爱好，这对于他的可持续发展是一个重要的前提条件。

人的大脑和神经系统的活动是有“兴奋与抑制”的规律的。当我们集中精力学习时，就处在高度兴奋的状态；当需要休息时，就进入逐渐抑制的状态。孩子若能够按照大脑的活动规律科学地用脑，就能够省时高效地学习，不会感到过度疲劳，并且还有时间从事自己感兴趣的活动，同时可以有充足的睡眠。

近年来国际上比较公认的“儿童智能的科学结构”，也就是所谓的“心智潜能”，它是指现代社会儿童在智力活动中所需要的全面素质。这也是科学评价一个孩子是否全面发展的重要标准之一，主要的有七个方面：

①空间的智能。爱用形象来思考，爱幻想，喜欢绘画等；

②音乐的智能。会弹奏乐器和听音乐，对旋律记忆好，动作节奏感

强；

③逻辑与数学的智能。快速解数学题，喜欢电脑，爱用逻辑推理；

④语言的智能。喜欢中英文阅读、书写和听人讲话，喜欢讲故事；

⑤个人内在的智能。内在感觉体验深刻，独立和有坚强的意志力；

⑥人际协调的智能。朋友多，亲和快，善于协调人际间的矛盾；

⑦肌肉感觉的智能。活动时手脚的动作协调、有节奏，喜欢运动。

若孩子有以上某方面的优势特长，或有多方面的突出智能，则预示着他今后成才的可能性与方向，这往往不是考试的分数可以衡量的。相反，如果一个孩子只是考试成绩名列前茅，但却缺乏以上某个方面智能的表现，则说明他可能存在心智发展的某些缺陷，家长就要警惕了！

○ 建议与谋略

新的现代教育理念观告诉我们，孩子的心智潜能是与社会发展相联系的。传统教育观念认为，与学习有关的儿童智力主要是观察、记忆、思维、想象和操作能力，显然这已落后于时代。孩子的心智潜能是需要激发的，就像埋在地下的矿藏需要探索和挖掘一样，激发就是儿童在智能上逐渐成熟的过程。要激发孩子的心智潜能，建议父母们可以这样做：

①举一反三。从孩子学习的书本知识联系诸多生活现实，引导孩子进行观察体验；

②触类旁通。由孩子能做到的事情扩大操作范围，放手让孩子去实现自己的梦想；

③学以致用。将已学到的知识技能运用到生活实践，可激发其好奇心和求知欲；

④发展兴趣。从孩子的兴趣出发，促进孩子积极活动，以树立其未来的理想和专业倾向；

⑤开阔眼界。通过参与竞赛、旅游、人际交往等实践活动，使孩子懂

得社会和人生；

⑥尝试创造。鼓励孩子思考，解决生活和学习中的实际问题，并动手实验和制作。

实践为先，激励思考，学习的动力就可以产生。孩子的聪明才智往往在课堂之外迸发，这样比单纯要求孩子“苦读书”的效果要好，坚持不懈，将会有意想不到的收获。

善于利用现代化的学习手段，也可以培养孩子掌握创新求异的学习方法，但家长非常担心的是，要用各种电器吗？那可是孩子的玩具。这样一来，孩子哪还有心思学习，岂不是喧宾夺主了？但应该看到，高科技产品其实是一把“双刃剑”，它可以成为娱乐的工具，让人玩物丧志，但它却又可以成为启迪孩子好奇心的“利器”。

平心而论，在电视机前长大的孩子，对动画片、流行歌曲、影视节目、电子游戏有着浓厚的兴趣，枯燥的书本学习难免使孩子厌学；那么，在家庭教育中为什么不能将孩子的兴趣引导到学习上去呢？疏导得法，便会促进学习，水到渠成。下列方法可供参考：

①录音机。听写，由孩子自己将要听写的内容录音，再放出来让孩子听写；大声的思维，将做作业过程说出来录音，然后听录音，可发现作业过程中的错误；作文，将作文口述录音，自己听后再写下来，反复修改；朗读语文和外语，进行自我欣赏，可比较每次的朗读是否有错误，是否有进步。

②摄像机。对学习语文和外语非常适合，可以有表情地朗读、背诵学习内容，再回放。

③照相机。将孩子的作业、试卷、小制作等拍摄存档。拍摄日常生活中的人和事，可锻炼孩子的观察、思考、创造能力，积累社会经验。

④电脑。运用电脑软件进行学习，用电脑写作文，复习各门功课等，允许创新。

有些成功的家教经验可以借鉴：一要有个“约法三章”，与孩子谈好使用电器的条件，签订可行性的协议；二是学习的内容要有一个具体计划，要坚持不懈地实施；三是开始由父母和孩子共同使用和操作，父母不能做“电脑盲”，可以和孩子共同参加有关培训，或是请内行人进行指导；四是父母也要坚持用电脑学习、工作、娱乐，全家人平等地安排“上机时间”，这样孩子必然可以学会约束自己，又可以发挥自己的创造性。

家庭不是学校，更不是考场。家庭是幸福的港湾，是休息和放松的地方，要让孩子玩好、吃好、睡好，但也不必对孩子有多少特殊的照顾，主要是要让他心情好。要让孩子学习专心，家里就特别需要宁静平和。只要一切正常，就是对孩子学习最好的支持。家长要做孩子情绪的安慰剂，这样才可以使孩子心情舒畅、信心十足地走进课堂。

亲子双赢：父母——理念新做先生好好学习
孩子——习惯好学业优天天向上

peiyangchenggonghaizi40zhao

33

学以示范 善学勤思，父母正己可正子女

第33招

以身作则，适度言教，耳濡目染，奠基正道；

血缘情深，环境熏陶，情境结合，人才可造。

父母的以身作则，是一个老生常谈的话题，但究竟有多少父母能够做得使孩子感到比较满意？这恐怕是一件很不容易的事情。时代不同了，做父母的在观念、态度、行为上也必须有所改变，要善学勤思，与时俱进，否则难以做称职的父母。

在飞速发展的高科技面前，我们成人也同样是一个需要不断学习的“孩子”。这样的“孩子意识”或称为“学子意识”，可使父母产生自己要努力学习、不失时机地完善自己的强烈愿望。如果父母能够以实际行动告诉自己的孩子，我们和你是一样的，也是一个需要不断学习的“大孩子”，学以示范——在学习上为孩子做出示范和榜样——那么，这样的以身作则是最具有说服力的。父母首先正己，则可正子女。

有些父母对“以身作则”的理解是有一定片面性的，以为自己做好本职工作，也就是给孩子做榜样了。但父母的工作情况孩子并不一定能看得见，也离他们太遥远，所以在家教中的学以示范，一方面要把工作中的感受说给孩子听，与孩子进行交流；另一方面，主要还是要表现在日常生活中孩子看得见、摸得到的小事上面，这样才能使孩子心服口服。

○ 典型个案

有这样一个顽皮的12岁男孩小涛，因对于父母强行送他参加英语培训班很反感，竟然瞒着父母，有4个周末都没有去参加英语培训。当父母带孩子来进行心理咨询时，家长理所当然认为是孩子的问题：他欺骗父母，不去上英语课；他不珍惜父母的劳动，给他交那么多学费，不就是希望他从小打下英语的好基础吗，他为什么不懂父母的心？

但孩子对心理医生说：“爸爸是开出租车的司机，他怎么不学学英语？遇到外国人打车不会说中文的怎么办？他听不懂人家的话，非得给人家拉错了地点不可！妈妈是当老师的，也应该学英语呀，我认为老师是什么都懂的，要是有学生问她英语问题可怎么办？老师让我和家里的人说英语，爸妈都不跟我说，他们说中学时学的英语都忘记了，那干吗让我学？我不是以后也会忘记吗？”父母无言以对了。

经过与小涛讨论协商，父母与他达成了几项协议：①小涛坚持参加英语培训；②在家里父母每天要与小涛一起说英语，坚持不懈；③父母每周带小涛去一次“英语角”，在那里结交朋友，练习英语口语；④小涛可以与英语班的同伴一起游戏、学习和说英语，可将伙伴带回家；⑤父母和小涛之间每月相互进行一次英语口语测试，由当英语老师的小涛的伯伯负责出题和打分；⑥与心理医生保持联系，进一步解决家教中的问题。

按照这样的协议一直坚持下去，小涛和父母之间的关系有了很大的改善。

○ 个案分析

当然，并不是说要求孩子去做的，父母一定要比孩子做得更好，而是父母自己要有这样的“孩子意识”，善于与孩子共同学习、共同成长，并且要向孩子学习。有些要求孩子做的事情，父母也确实应该尝试，并率先垂范。也许父母在学习新知识的能力上还不如孩子，但只要自己有行动，孩子会看在眼里，记在心里，并向父母学习。

人的心理是人脑对客观现实的反映，环境的熏陶则是一个孩子成长过程中的阳光、空气、水和养料。古代曾有一个“孟母三迁”的故事，说的就是环境对孩子成长的影响。

然而，在如今改革开放的社会，社会环境是越来越复杂了，多元文化和媒体、网络的影响等，可跨越时空局限正所谓无孔不入。孩子品格的形成更多取决于他是否有分辨、自律和正确选择的能力，所以对于“孟母三迁”就要有一种新的解释、理解和运用了。

今天怎样做父母？这是父母们不能回避的现实问题。家庭是由情感血缘关系维系的，父母应通过亲子之间的沟通，来达到影响孩子的目的。作为长辈，自己有许多社会经验和生活体验，有走向成功的艰辛与欢乐，也有历经坎坷的痛苦与自信。但是，中老年人惯用的“忆苦思甜”却常常使孩子反感，为什么会出现这样的情况呢？是因为成人常常是“老一套”，所谓的“忆苦思甜”成了无关痛痒的“流水账”，孩子都可倒背如流了，自然感到枯燥乏味，于是这样就失去了意义。

作家刘震云在电视节目中曾与中小学生交流，他谈到自己的童年生活，其中有一个细节作家说他终生难忘。刘震云儿时在农村，他的姥姥是一位非常聪慧勤劳的农妇，她自豪地告诉外甥：“我年轻时特别能干，一望无边的麦地，每垄有五里地那么长，拔麦子从这头到那头，我可以五里地不直腰，全村没有几个人能做到……”作家认为姥姥的形象是刻骨铭心的，那五里长的麦垅是触及灵魂的！我想，作家在写作中“爬格子”时、敲着电脑键盘时，一定是受到姥姥的勤劳与可贵的意志力的鼓舞。

一位文盲农妇能做到的，如今孩子的祖父母、有文化的父母们同样可以做到。与孩子沟通需要您的炙热情感，需要给孩子新鲜感，不用说大道理，说说您感触最深的小故事吧！实实在在的故事反而可以触及孩子的灵魂。

○ 建议与谋略

社会在发展，时代在前进。今天我们怎样做父母？这是值得深思的问题。孩子来到这个世界上，是纯真无瑕的，父母给予了孩子什么，孩子就会接受什么。儿童是父母的镜子，在孩子身上，您都会找到自己的影子。

下面正反面的实例可启发家长，父母应如何引导孩子，并创造相对健康的成长环境。

①近邻也是家教资源。

上初一的小胖和父母搬入一个新建的社区，他父母很留意环境对孩子的影响。一天，小胖对父母说：“小区的孩子都有滑板车，我也要买一个！”父亲说：“别人有的，你不一定非要有，滑板车很贵，也不安全，不适合在小区里玩。我倒是认识了咱楼下的一位武术教练，他暑假里给小区的孩子办武术培训班，你去参加好吗？走，咱们先去跟教练认识认识！”从此，小胖和教练的儿子成了好朋友，他积极参加武术培训，养成以武术健身的好习惯。

小胖的同学小伍也住在同一个小区。小伍的父母是做生意的，经常全国各地地飞，很少在家，让爷爷奶奶照顾小伍的生活。小伍认识了邻居一个大男孩，那孩子教小伍吸烟，还带他到歌舞厅去玩，小伍回家却说去踢球了。经过半年多的交往，小伍认识了许多“不上学”的朋友，那些人常在歌舞厅偷人家东西，还把女服务员打伤了。终于，小伍被牵连进团伙斗殴，被公安拘留，学校给了他处分，但愿他能觉醒。

②在交往中学会择友。

初二的小娟在班上人缘很好，常带同学到家里玩。小娟的父母注意观察了解这些孩子，并与女儿讨论如何择友。一次，妈妈问：“小姗怎么有那么多钱？老是买吃的分给大家，小小年纪就配上手机，这符合学生身份吗？”小娟说：“我也觉得同学之间不必讲吃吃喝喝，可她不听。她父母在国外工作，她可有钱了，她说学习不好没关系，反正以后能出国，好多同学还挺羡慕她，我可有点看不惯她，是不是少跟她交往？”爸爸对小娟说：“你要小心那个高个男生，他对女生总爱动手动脚的，太不礼貌，你看呢？”通过父母的提醒，小娟注意了择友的范围。

而小娟的同学燕，父母从不允许她带同学回家。一次，两位男生和燕同路回家，边走边讨论一道数学题，燕的母亲看见三人说得热闹，不问青红皂白，拉住女儿往家里拖，嘴里还不干不净地骂人。燕说：“你为什么骂我的同学？他们是我的好朋友！”她的父母多次干涉她与同学交往。到初三时，因为燕坚持要请一位男生帮助她补习功课，结果与父母发生激烈冲突，燕终于走上离家出走与男友同居的道路。

③家庭读书的作用。

江的父亲是武打小说迷，三天两头借武打小说回家，江也陷入其中，常“通宵苦读”，上课时却困倦瞌睡，学习成绩也越来越差。因考试不及格，江被爸爸痛打，但已无效，江不但会钻进书店看武打小说，还去录像厅看武打片。后来，江荒废了学业，15 岁就去打工。其实并非武打小说不能看，只是要有控制和适量。可孩子在不成熟时，父母应该如何影响孩子呢?

亮的父母参加了某个读书俱乐部，尽量购买或借阅最新的图书回家。亮每次看到爸妈在读书，他也忍不住要翻看有兴趣的章节，并向父母提出自己的看法和疑问。于是，亮的全家每周至少有一两次“读书会”，大家七嘴八舌地发表自己的读后感。亮在这样的家庭环境熏陶下，博览群书，并尝试写作，在他 16 岁时出版了第一部散文集，并在多家报刊投稿发表了自己的作品。

家庭的熏陶并非父母的“说教”，而是父母行动所营造的氛围中的“文化、科学”含量的高低。因此，我们应提倡“科教兴家”，而良好的家庭教育与父母的精神追求是密切联系的。

孔子说：“性相近，习相远。”也就是说，人在初生时，没有什么很大的差别，但随着家庭、学校、社会等方方面面的熏陶与影响，人与人之间会产生很大的差异，后来他们的事业成就、生活质量也会相去甚远，这就是后天各种习性上的差异所造成的。

因此，父母在孩子的未成年阶段，就要为他未来的发展奠定良好的基石。家庭的耳濡目染是很重要的，孩子是否“有教养”，可从以下方面来判断：

①孩子是好学好问、勤奋进取，还是好吃懒做、不学无术；

②孩子是热爱劳动、助人为乐，还是饭来张口、衣来伸手；

③孩子是自强独立、志在四方，还是贪图享乐、懒惰依赖；

④孩子是关注社会、乐于交往，还是自私自利、自我中心；

⑤孩子是善于思索、理想崇高，还是浑浑噩噩、得过且过；

⑥孩子是聪明活泼、跃跃欲试，还是散漫怠惰、不思进取。

当孩子在某些方面出现问题，家长应以自己的孩子为镜子，认真反省一下自己在对孩子的教育观念、态度和方法上是否存在什么问题。这并非责备和挑剔家长，而只是因为社会的转型和变化需要父母们充实和调整自己而已。如果您能够成为孩子可亲可敬的好父母，那么您在事业发展和公众形象上也一定是十分出色的。从这个意义上可以说，孩子能够帮助父母进行自我完善。

亲子双赢：父母——为育儿净化灵魂健身心

孩子——向未来升华境界更和谐

peiyangchenggonghaizi40zhao

34

与时俱进　网民光荣，时代步伐不可阻挡

第34招

传媒世界，网络视野，捕捉信息，谦恭拜学；

家庭文化，优势互借，小子精英，智慧和谐。

我们处在一个伟大变革的时代，现在的孩子与父母的童年完全不同了。在社会比较封闭时，很难感受到世界对自己生活和工作的影响，而如今是开放的社会，世界上任何一个角落小小的变化，也非常容易牵动我们的神经。整个世界是一个地球村，世界变小了，“人”变大了。每个人都可能走上地球的任何一个经纬度，大千世界的变幻，时时都与每个家庭息息相关。

著名教育家培根说过：“不适应新变动的人会犯错误——时间是最伟大的变革者。”

主宰未来世界的孩子也是伟大的变革者。父母千万不要小看了孩子，他们是未来的精英——长江后浪推前浪，一代更比一代强——我们应该承认“后生可畏”。然后父母就知道，应该怎样对待代表未来的新一代。如今人们已经认识到，不会使用计算机的人就是“文盲”，不“上网”的人也会闭目塞听，信息不灵。

○ 典型个案

孩子什么年龄使用电脑才合适？孩子玩电子游戏没有节制怎么办？迷恋电脑影响学习怎么办？孩子总是去网吧，花钱太多又怎么办？这类问题可能是当今最具挑战性的家教难题。但我们也想问父母们几个问题：您是否担心过，若是孩子接触电脑太晚，今后在人才竞争中会落后于同龄人？您自己是否会用电脑？您对孩子能够用电脑做些什么有益的事情，自己是否很清楚呢？

下面的实例都是与电脑、网络有关的，父母们要如何对待？

①10岁的小永是个小电脑迷，每天匆匆做完作业，就没完没了地玩电脑游戏，结果学习成绩越来越差。小永与姥姥一起生活，父母外出经商去了。

②高一男生强，被同学誉为“电脑通”，谁有电脑方面的问题都会找他。可是强的处境很尴尬，期末三门课不及格，他必须留级。

③初二女生晶，在同学家偶尔上网，进入各种有趣的聊天室，从此便

"上瘾"了。她竟然伪装生病得到家长签字的假条，说自己得了重感冒，然后名正言顺地逃学，去网吧上网聊天。

④初一的小楚与几个同学经常"泡网吧"，父母多次发现他偷拿家里的钱，可他不承认，且屡教不改，这可怎么办？在 7~16 岁的中小学生中，偷拿家人的钱去上网的，在家教咨询中也占有相当高的比例。

○ 个案分析

电脑这个现代高科技产品是一把"双刃剑"：一方面，它是高科技的工具，全世界的通行证，它给人们带来无尽的财富和发展机遇；另一方面，也存在着各种"网络陷阱"，如黄色网站、网恋欺诈、游戏与聊天上瘾等，更有甚者，还成了某些人利用电脑违法犯罪的"黑客"。

既然电脑已经与生活不可分离，父母们千万不要扮演"叶公好龙"的角色，不可因噎废食。既然国内外都已出现不少十几岁的"电脑天才"，您是否应该与孩子讨论一下，那些"娃娃老板"们会无节制地玩电子游戏或上网成瘾吗？关键是要锻炼孩子的意志品质。

法国小说家、文艺评论家法郎士是这样评价时间的："时间，昔日不再来，明日难保证；把握住今天，稍微耽误一下它也会逝去；失去的将不再复返。一个今天抵得上两个明天。"

今天的事不要拖到明天。在现代飞速发展的信息社会，时间就是效率，时间就是财富，时间就是生命，怎能虚度一时一刻呢？当孩子面对诸多的选择时，一定要有一个明确的大前提。父母应该教导孩子懂得，任何选择都应该有利于自己的可持续发展。

计算机在心理素质较好的人手中，是可以创造奇迹的，运用得好，可使人如虎添翼。而缺乏自控能力的人，却可能被计算机所左右，仿佛被投入牢笼。守时自律的人主要在于其意志品质的坚强，事实上，只要想做、肯下工夫，就没有做不到的。因此，国内外都出现了一些十二三岁的少年成为电脑天才、成为 IT 行业最年轻的总裁将生意做到世界各国的范例。既然少年们都能控制自己而成就大业，那么为什么有些人就不能做到呢？向那些小总裁学习吧，别做无头脑的“网虫”，要做有心计的“网精”，相信现代人自会悟出其中蕴涵的精彩之处。

家庭教育必须准确定位，以便彻底改变由于家教的错位而影响孩子健康成长的被动局面。父母应该营造家庭文化的良好环境，懂得高科技时代的正确理念，并将这样的理念传递给孩子，从而培养出可持续发展的后代。在家教中需要纠正的有下列问题：

①除了课堂学习，孩子不必做别的事情，从而使孩子的基本的行为习惯得不到良好的训练；

②剥夺了孩子进行户外活动和与同龄人交往的时间与空间；

③孩子的某些有益的兴趣爱好未得到支持；

④使孩子在学习上陷于被动，没有自主性，缺乏科学的、高效率的学习方法；

⑤孩子的心理压力过大，心理健康问题未得到重视；

⑥智育第一，孩子的身体健康问题也不是第一位的，道德修养也不被重视，家庭中充满了紧张和火药味，导致孩子身心健康方面的大量问题。

通过局部的问卷调查表明，小学生的父母约有50%不懂计算机，甚至从未动过电脑；在中学生的父母中，这个比例是60%；而在大学生的父母中，则为80%以上。在农村和中小城市，这个比例还要高得多。那么，父母们想学电脑怎么办？就请自己的孩子做先生吧。

如今，父母常常担忧的是孩子的“上网成瘾”，又怕网络上有不健康的东西影响了孩子的成长。虽然可以对孩子三令五申，但最好的办法还是父母要学会使用计算机，懂得网络的使用，这样才能胸有成竹地面对信息时代的孩子。

在算盘时代，学生要学会珠算，计算尺时代要学会拉计算尺。如今计算机时代到来了，学生当然就要学习和掌握计算机技术啦，这本是顺理成章的事情。由于变化得如此神速，许多为人父母者想法多多、顾虑重重，认为电脑很神秘而对其很少问津，甚至视之如猛虎，对电脑采取敬而远之的态度。但在知识、信息爆炸的今天，聪明伶俐的孩子们是把握天时的“时代骄子”，他们像“磁悬浮列车”一样，高速驰骋在时代的轨道上。而孩子的前辈们，知识的老化则是全面的，或者说是像一列装满旧货的、冒着黑烟的“蒸汽机车”，稳稳地在铁路上慢速运行。

“向新一代学习，和孩子一道成长”应当成为很响亮的时代口号了。计算机的功能已不仅是计算的革命，而是人类智慧的延伸，它可以运用在各行各业，帮助您思考，成为人类的“智能助手”，在开发人的智能方面有着无与伦比的作用，逐渐成为整个社会的“大脑”和“神经系统”。著名计算机科学家、美国斯坦福大学G.福赛斯教授指出：“计算机将是继自然语言、数学之后，而成为第三位的、对人的一生都有大用途的‘通用的智力工具’。”网络是全世界的知识信息的融合，是一个超级图书馆和信息库。

○ 建议与谋略

如果您的孩子有“网瘾”，其实您应该感到自豪，因为他没有被时代所抛弃。相反，有的孩子对互联网一无所知，也没有任何兴趣，倒是值得家长担忧和警惕的，因为他很可能在科学素养方面已经落后于同龄人。所谓“网瘾”，最多是与烟瘾、酒瘾、赌博等相似，会对身心健康造成一定的危害。其实，成人的“成瘾行为”比未成年人要多得多、严重得多。网瘾是可以被许多有益的兴趣所取代的，也是可以治愈的，它毕竟与海洛因等毒品不同，因为染上毒瘾就会踏上不归之路，现在也还没有很有效的戒毒手段，而网瘾则是青少年的误入歧途，是完全可以“浪子回头”的。下面的建议可供家长们参考：

①家长要转变观念。要坦然面对“网瘾孩”，家长不要为此感到“家门不幸”，尤其是两代人都不应扮演悲剧的角色。网瘾不过是孩子在成长中走过的一点弯路，有体验就会有教训和收获，对孩子来说是一笔宝贵的精神财富！家长要看到孩子身上的闪光点：积极探索的兴趣，敢于竞争的

勇气，追求成功的执著与韧性等。如果孩子知道在网络上可以做许多有益的事情，他的网瘾就会从游戏和聊天等无意义的活动中转移，而能够将互联网变为学习和工作的有力工具了；

②父母要与孩子谈心沟通。在家教过程中是否有失误的方面，父母应诚恳地听听孩子的看法；

③父母与孩子共同振奋精神，勇敢面对现实。孩子现在该怎么办？父母和孩子共同制定眼下的行动措施，要有具体的可行性计划：学习补课、休学调整或别的一些措施，而不仅仅是停止上网那么简单。父母对孩子应该有长计划、短安排，制订出逐日逐月的计划。例如德国的经验是，运用运动疗法、艺术疗法、自然疗法等配合心理治疗来帮助青少年戒掉网瘾，十分有效；

④成才道路千万条，关键是要引导孩子形成科学的价值观和高尚的道德观。这不是空谈观念，而是请孩子对他自己的所作所为进行具体的分析与评价，认真考虑孩子未来的发展和成才；

⑤关键在于坚持不懈，探索孩子成长的健康之路。有的家长对孩子的“网瘾”无可奈何，听之任之，这样下去后果将不堪设想。如果家长对于帮助孩子有困难，一定要有勇气及早向社会求助。

生活是美好的，生命是宝贵的，前途是光明的！请父母们永远对孩子抱着美好的希望，对孩子不弃不舍，与他们共同成长，如此一定能够妥善解决现实中面临的各种问题。

作为年长者，虽然您的知识和经历是宝贵的财富，但如果您不是计算机专业的人员，无疑在运用计算机和网络技能上一般是比不过您的孩子的，让孩子做您的老师真是再好不过了。向一切能人学习，这是高尚的品格，孩子依然会尊重您、敬佩您，因为您是新时代的长辈，您是不断学习新东西的长辈，您的人格魅力、您的博大胸怀永远是孩子的楷模。

亲子双赢：父母——融入网络风起云涌创新业

孩子——借互联网上天入地更轻松

peiyangchenggonghaizi40zhao

35

家务培训 劳动奠基，思维和能力的高起点

第35招

重拾劳动，奠基坚韧，整肃家教，勤劳诚信；
习得勤奋，能力超群，幸福保障，受益终身。

家务事家务劳动是维护家庭生存和日常生活运行的必要程序，就像一日三餐和睡觉一样自然，每个家庭都不可回避。每个人对家务劳动都有相应的责任和义务，未成年的孩子也不例外。孩子能力和思维的发展，正是从做简单家务和生活自理开始的，这里才是孩子真正的高起点。虚荣产生浮躁，朴实伴随坚韧，体验勤奋劳动很重要。父母应该给孩子体验艰辛和为他人服务的机会，学习考试不是生活的唯一，解决各种难题才是人格的磨砺。

有一项调查表明，我国城镇儿童每天做家务劳动的时间平均只有12分钟，而在其他很多国家对中小学生每天从事家务劳动的时间都有相关立法，其中规定每天家务劳动的时间从40分钟到1.5小时不等，并纳入学校必须考核的项目。

○ 典型个案

事实说明，我国现在许多中小学生很少做甚至不做家务劳动的现象是普遍存在的，而家长若能够鼓励孩子学做家务，也一定是行得通的，并会使孩子不断地进步。

个案一　10岁的小刚在饮水机上接了一杯开水，用来招待同学，但小刚的手被烫红了，水洒了一地。妈妈立即埋怨道：“用得着你倒水吗？你看烫着了吧！快抹点药……”

个案二　“爸爸，我切破手了，快来帮我！”9岁的虹虹正在切菜，却发生了“险情”。奶奶说：“宝贝，别切了，我给你上药，把手包好吧！”爸爸却说：“没事，贴个创可贴就好了。我来教你怎么切，把这些菜切完！”一年后，虹虹成了刀功不错的“小厨师”。

个案三　牛牛有一个“特殊任务”：每周日去给姥姥、姥爷买几样菜送去，还要帮助姥姥扫地、洗碗和晒被子等……当人们问起11岁的牛牛为什么这样做时，他说：“我是姥姥、姥爷带大的，现在他们身体不好，爸妈工作又忙，我应该尽力照顾老人呀！”

个案四 25岁的大强讲述自己的经历："我小时候挺爱做家务的，喜欢跟妈妈学做面食。可是老人心疼孩子，我要动手，奶奶就说：'这儿脏，你玩去吧！'把我打发走了。妈妈怕做家务影响我学习，也说：'看书去吧，不用你做！'久而久之，打消了我干活的积极性，我就认为没有什么需要自己做的了。上大学住校生活需要自理，可我连洗衣服都不会，只好把脏衣服拿回家让妈妈洗。直到自己要成家，不得不学着做家务，可是看妈妈做起来很简单的事，我却出尽洋相，发现自己什么都做不好，觉得自己手怎么这么笨啊！就为这，女朋友都跟我吹了！"

○ 个案分析

做不做家务有多重要？一屋不扫，何以扫天下？这句话大家都很熟悉，它是来自古代的一个小故事：东汉时有一少年名叫陈蕃，自命不凡，一心只想干大事业。一天，他父亲的朋友友薛勤来访，见他的书室内龌龊不堪，就对他说："孺子何不洒扫以待宾客？"他答道："大丈夫处世，当扫天下，安事一屋？"薛勤当即反问道："一屋不扫，何以扫天下？"陈蕃无言以对。

老子云："合抱之木，生于毫末；九层之台，起于垒土；千里之行，始于足下。"

家务劳动不仅是一个人起码的生活技能，还关系到一个人未来的事业发展和家庭幸福。看上去很简单的道理，却常常难以付诸实践，家长总是容易把学习成绩放在第一位。近年来，由于应试教育的影响，有些家长把学习考试看得比什么都重要，只要孩子学习任务完成了，就可以不做任何家务劳动。有的孩子学习不够好，家长就认为需要把更多的时间花在学习上。再说现在多是独生子女，家务事本来也不多，许多家务劳动也实现电器化了，何必非得让孩子去做呢？可一个孩子若是缺乏起码的生活技能，他将来的家庭婚姻会幸福吗？

做家务与学习有关系吗？父母们往往没有想到，正是因为有些孩子很少或不做家务劳动，有的孩子即使生活在郊区或农村，也较少参加农业劳动和家务劳动，结果形成了某些不良习惯和心理惰性，这就必然地影响了他们良好学习习惯的形成和个性的健全。

目前，不少教师对学生写字又慢又难看感到非常的棘手和困惑。据医学家和教育学家分析，有些孩子从小不干活，其肌肉和韧带发育不好，双手的灵活性、臂力和握力都很差，而幼儿无力的小手却早早地开始写字，容易形成握笔的错误姿势，造成孩子写字困难又厌学。

追溯其原因，就是因为这类孩子从小几乎不做家务劳动，导致手臂和手指软弱无力，肢体动作也不协调。另外，缺乏劳动习惯还可能导致孩子被动懒惰、好逸恶劳、反应迟缓、做事粗心、不负责任等。因此，在针对中小学生学习习惯不良问题的矫正时，家长往往可以从培养孩子的生活自理能力和劳动习惯入手，这样才有益于培养孩子自觉勤奋的进取心和相应的学习能力。

近来，许多媒体还对“小留学生”存在的大量问题进行连续的追踪报道，从中也发现有些低龄出国留学的孩子并不是智力上存在什么问题，而恰恰是缺乏良好的生活技能和劳动习惯。例如生活自理能力差、理财能力差，而又不能正确对待挫折与失败，更缺乏对自己和对学业的责任心，在他们的人格中特别缺乏一种坚韧不拔的素质，才导致其荒废学业，甚至走上违法犯罪的道路。

做家务劳动必须有始有终，并要集中注意力才能做好。看似简单的扫地、洗碗、倒垃圾、刷洗鞋袜等，也要认认真真才能完成。体验了做家务的过程，就可以将这样的操作习惯和自制力“迁移”到学习中来。虽然这不是一朝一夕的工夫，但坚持不懈做个半年、一年，一定会显出成效来的。从小爱劳动的孩子不仅动手能力得到了锻炼，可以形成对外界事物及时的、适度的反应能力，并且还会把由此养成的许多好习惯和相关能力，运用到生活和学习上，这在心理学上就叫做“能力的迁移”。

如今是一个改革开放的社会，但“劳动光荣”的观念不仅没有过时，还应该进一步发扬光大。社会上出现的某些不良风气，贪污腐化、诚信缺失、违法犯罪等，无不源自好逸恶劳、自私自利和人性的丧失等，防微杜渐的办法必须是从孩提时代的家庭教育做起。试想，一个从小好吃懒做、不爱劳动的孩子，您能够指望他成人成才吗?

○ 建议与谋略

家务劳动对孩子有什么益处？诺贝尔物理学奖获得者、华裔科学家朱棣文，2009 年初被奥巴马任命为美国能源部长，朱棣文再次吸引了全球华人的目光，人们不禁要问："他的父母是如何教育他的?" 其实，朱棣文兄弟三人都是美国名校毕业的博士。朱棣文的父母教子非常成功，其中不能不说到朱妈妈教三兄弟学会做饭的事情，而学包馄饨就是他们的"下厨启蒙"。

从小学会了烹饪的朱棣文，在中小学时经常带着自己做的各式饭包上学，诱人的香气引得不少美国同学羡慕，他也会将自己的美食与同学们分享。朱棣文后来把科学实验也称为"做饭（cooking)"，他认为只会念书的孩子如果连简单的饭菜都不会做，怎么可能懂实验?

朱棣文说，动手做饭跟做实验一样，可以训练一个人的专注与解决问题的能力。你打开冰箱，用冰箱中仅有的材料下厨，也能做出一顿美味可口的饭菜，这就是在有限的资源中求变、求好。这种经验和能力对他在科学研究中解决所面临的瓶颈问题，对科学的思考有很大助益，因此朱棣文主张孩子应从小学会下厨、做家务等。

我们可以将朱棣文所体会的让孩子从小做家务的益处作一个简单归纳：

①养成自觉劳动的习惯，锻炼动手能力；

②学会遵循程序做事，有条有理；

③训练了注意力的稳定和分配能力，培养专注做事的好习惯；

④学习管理方法，形成良好的协调能力；

⑤对家庭尽责，养成做事认真的习惯；

⑥求变求好，培养了创新的思维和能力。

家长们应该相信孩子具有自我反省和自我教育的能力。孩子喜欢自己劳作，自己管理生活，从劳作中得到快乐，从动手中获得各种知识，学习各种技能。因此孩子能做到的，就让他自己去做，自己的事情自己做，这才是对孩子的尊重。我们建议父母这样指导孩子做家务：

①以学会生活自理和必要的生活技能为目标，引导孩子理智地做家务，对孩子不感兴趣的事情也可以让他们尝试和逐步地学会，要让他们将做家务作为学习过程中的休息和调整，而非负担；

②开始时，成人和孩子一起做家务劳动，从而帮助孩子掌握正确的做法；

③家务要分工合作，全家人都有各自的任务，从而使孩子意识到自己的责任和义务；

④家人常互动，可相互评价做事的成果，孩子有发言权，就会懂得改进自己的工作；

⑤孩子的劳动应该受到尊重、鼓励和肯定，父母的积极态度可起到正面推动的作用；

⑥帮助孩子形成家务劳动的习惯，善于与家人分担、分忧，而不以借口消极怠工。

家务劳动应看做孩子思维和能力发展的起跑线，是一个高起点，不想让孩子输在起跑线，就给他学会生活技能的机会吧！孩子的聪明在手指尖上，会做家务的孩子双手灵巧、思维敏捷、能力全面，必将为其未来的事业发展和家庭幸福奠定坚实的基础。

让我们每一个家庭都为孩子的美好未来奠定坚固的基石。

父母们，从现在开始努力培养孩子热爱劳动的习惯还不晚！

亲子双赢：父母——家务家政皆为教子旧功课

孩子——自理劳作正是成长新技能

peiyangchonggonghaizi36zhao

36

坚决说不 爱的艺术，家教原则坚不可摧

第36招

教子有方，讲究立场，爱有分寸，不失坚强；

对错分清，心明眼亮，从小奠基，品行高尚。

每一位父母都是爱孩子的，但爱的方式却是各不相同的：有的爱表现为严厉，对孩子的无理要求坚决说“不”；有的爱表现为放纵、迁就，对孩子的各种要求有求必应。不同的爱，会有怎样不同的结果呢？这才是值得深思的问题。

有的孩子在父母看来一直挺老实的，怎么有一天就让警察找到家里说“他参与抢劫了”？有的父母觉得自己对孩子那么好，可是有一天怎么因为说了他几句，居然就自杀了？有的为何稍不满足就离家出走了？记得有一位出走孩子的母亲就发出了这样的疑问：“前两天我和他出门过马路时他还拉着我的手，怎么到学校后（是寄宿学校）就出走了呢？我真搞不清……为什么我们那么爱他，他还会这样呢?”

孩子的是非观念和自律能力绝非靠口头说教就可以形成的，在其成长过程中，必须要有一些刻骨铭心的亲身体验，孩子才会留下深刻的记忆，并且渗透到他的个性中，成为他日后言行举止、待人处事的准则。

○ 典型个案

下面是一些家长在教育孩子方面的经验教训，可能会对父母们有所启发。

个案一　脑筋急转弯：笑着说“不”也灵验

7岁的小丽的母亲说：“我的女儿很喜欢吃冰淇淋和巧克力，因为亲友们常送巧克力给她，一起上街的时候，她总会吵着要我买。我觉得孩子多吃冰淇淋和巧克力不好，对保护牙齿不利，因为热量高又容易导致肥胖，还可能影响正常的饮食。因此，我会笑着和孩子讲道理，拒绝她的要求，并告诉她，如果因一时贪嘴，吃这些东西过多，以后牙齿不好、太胖了，作为一个女孩儿就不美了，那真是得不偿失！你看，那些练体操和舞蹈的女孩，都不能随便吃零食。但在亲友来做客时，绝不会说她。学校开运动会，她参加赛跑和跳远，我就主动拿巧克力给她吃。我认为用错误的方式说‘不’，或在错误的情境下说‘不’，就跟没说一样糟糕。”

个案二　泄密题：不忍心说“不”即纵容

三年级的小方的父母对他要求很严格，每月给20元零花钱，每天放学后就必须先完成作业，然后才能做其他事情。而小方很聪明，他发现了爷爷的弱点，只要他装得乖一点儿，爷爷就会满足他一切要求。一次小方说：“爷爷，我丢了10元钱!”爷爷立即给了他钱。趁着父母还没有下班，小方先踢球，然后又看影碟，却对爷爷说：“千万别告诉我爸妈!”爷爷则守口如瓶。

后来，父母发现了小方的问题，就做了爷爷的思想工作。当爷爷和父母协调一致以后，小方再也不敢“钻空子”了。

个案三　选择题：“不”字不用出口

初一男生小壮的父亲介绍了他给儿子出的选择题：“有个拒绝孩子的好方法，就是不跟孩子说‘不’，而是给孩子选择的机会。小壮下学回家，有时他会向我要求玩电脑，我会说：‘你可以想想怎么做才好？如果先完成作业，可以玩电脑一个小时；若现在玩电脑，只能玩15分钟……’孩子一听，觉得先做作业‘合算’，就会先去做作业。我其实是对孩子在玩电脑上说了‘不’，也限制了他用电脑的时间和条件。也许有家长会表示，我家孩子很顽皮，会执意要玩电脑的，给他‘选择’的方法行不通。而在我看来，家长对孩子的教育应该是坚持原则的教育，只要坚持了，慢慢做，就一定会看到成效的。”

○ 个案分析

对孩子的无理要求坚决说“不”的家庭，会让孩子从小就知道，他不是家中的特殊人物，他不可能对父母提什么特殊的要求，也不可能以什么极端的手段要挟父母。他们时时能感受到父母的爱，但是这爱是有原则的。从小生活在原则中，他们长大就会成为有原则的人。对于孩子的要求有求必应的家庭，家中的长辈都争着对孩子“示爱”，唯恐孩子不快乐、受委屈。就是这样的家庭，令家长百思不得其解的是，他们用情感和全部心血培养起来的孩子，却有一天突然让他们觉得那么陌生、那么敌对、那么可怕……

从小就对孩子的要求有求必应的家庭怎么会出现这样的情况呢？原因在于，孩子的成长需要“爱”，但爱的本质、爱的艺术、爱的表达可不仅仅是给予，不仅仅是满足，更不是百般迁就，不是让孩子永远地感受“快乐”。作为一个“社会的人”，有自己的责任和义务，不能以自己为中心。要考虑周围人的感受，要对自己负责，想得长远，要懂得守规则的重要性，做一个诚实、有品位的、高尚的人。

人生中的生与死、相遇与离别、快乐与痛苦，从来都是成双成对地出现，这就是生活的辩证法。成长中的孩子也必须经历“成对”的教育，必须让他们经历心理上的“强化”与“负强化”。所谓“负强化”，就是在孩子成长中对他说“不”，就是让他有痛苦、痛哭一番的经历……

○ 建议与谋略

这种说“不”的时间要早，一定要在孩子6岁之前。为什么要赶在孩子6岁之前就对他说“不”呢？说晚了会有怎样的结果呢？父母应在6岁之前、最晚别超过10岁对孩子说“不”，他尽管会因为你的拒绝而感受痛苦，但最多也就是痛哭一番，严重些就是哭得气噎、哭得在地上滚来滚去……可是，你若等他12～14岁之后再对他说“不”，他不会再简单地哭，不再气噎，也不再打滚，他会离家出走，会服毒自杀，会跳楼威胁……

因为他已经有了对付你的各种能力和选择。曾有家长哭着问：“为什么那么小年纪的孩子会想自杀呢？”笔者回答：那是因为孩子只知道你爱他，他在利用你的爱威胁你，他其实并不知道死的真正含义，如果他懂得了自杀的滋味和后果，他一定会非常后悔的！

因此，父母之爱要有艺术性、原则性，不要给孩子任何一种误读、误导！如何对年幼的孩子说“不”？怎么才能达到理想的效果呢？我们建议家长们这样做：

①选择在孩子早期表现出任性的时候。

一般在3~5岁，要开始对孩子的无理要求说“不”。在3岁之前，孩子的哭声一般是他身体痛苦的感受或表达，所以哭声是一种信号，我们要帮助他解除痛苦的感受，要去关爱他……但是，孩子到3岁之后，随着年龄的增长，他的哭声有时不再是身体痛苦，而是一种意向的表达。譬如你带他去朋友家，看到别人家的好玩具不肯撒手要带回家；你带他去商场，看见好玩的东西非要得到，父母不买就大闹……当父母发现他的这种“不达目的不罢休”的情况一出现时，就要有意地对他进行说“不”的教育。

事先和孩子“约法三章”是个好方法。比如那些垃圾食品，大人应明确规定绝不会买给孩子，这样就算孩子嘴馋，也无可奈何。平时，也让孩子了解垃圾食品的危害性，让孩子从内心接受家长的决定。垃圾食品只是我们举的一个例子，其实很多事情家长事先都可以和孩子进行约定，那样家长对孩子说“不”的机会自然就会变少，因而就从根本上“规矩”了孩子的行为。

有时候家长的心是应该狠一点的，对孩子提出的一些无理要求可以置之不理。有时候，小孩子会利用家长的爱心和爱面子，以撒娇、哭闹等方式达到自己的目的。这时，家长要学会“冷处理”，不需要严厉地斥责孩子，那样副作用太大，既让自己生气，也容易让孩子受到伤害。也就是说，有时候态度明确的拒绝是需要的，家长需要明确立场，坚定不移、不动摇，但在态度和言行上却可以很温和，这会有利于孩子是非对错观念的树立。

②说“不”的环境要讲究。

家长应该明确，该在什么时候以什么样的方式对孩子说“不”，这样才能让“不”发挥作用。帮助孩子控制住他们的强烈欲望和需求，才是爱孩子、关心孩子和引导孩子的高明做法。孩子们需要得到处理问题的技巧和观念，这种观念只有通过恰当的拒绝才能培养起来，否则他们就会被自己失控的情绪所左右。

要让孩子单独面对你，而不要让他在众人面前或在其他亲属前面对你。因此，无论他在哪里与你对峙，与你大闹，你都不要心急，要把孩子带回家，最好选择在卧室内，因为卧室里没有危险物品。你将他置于卧室中，把门关上，让他单独面对你，他会感受到一种安静的情境的压力，然后告诉他："你今天这样是不对的！下次不许这样！……"

③关键是在第一次把好关。

初次对孩子说"不"，孩子可能会继续哭或发脾气。这时父母一不要打他；二不要骂他；三不要在这时给他讲道理，因为他还小，很多言语还不太明白；四不要走开，因为要让他一直感受你不让步的态度。

因此，最好的方法是坐在他面前，看着他哭。他开始时会很伤心，还很气愤，这没有关系，因为他现在全部的反抗本事就是哭和发发小脾气。大不了他在哭闹时将头撞在床脚上，但他自己一定知道疼而不再撞了，但家长不能心软，更不能哄他……

你这一时间的"坚持"，就向他展示了你的态度，不要暧昧，要坚决，这对你、对他都有好处。这种说"不"的方式，就是以一次事件的处理行为告诉孩子：如果你做得不对，你再闹我也不会让步，不会心疼，我对你的爱是有原则的，这取决于你自己的表现！

所有的孩子都会从中感知你的反应，只要你坚决，他就明白了。从此之后，他不会再如此辛苦地与你闹！然后你就可以再进行疏导性教育，恩威并施，让他知道，父母爱他但不迁就他——这种"较量"越早越好。

孩子们经常有这样或那样的要求，该如何对孩子说"不"，又能让孩子从心底接受呢？这就是对父母的教育观念、态度和家教艺术的考验。如果您把握这个了新招，一定会收获颇丰。

亲子双赢：父母——坚持原则敢于说不也是爱
孩子——明辨是非善于自律更显勇

peiyongchenggonghaizi40zhao

37

生命教育 自律自护，珍惜成长岁月每一天

第37招

大千世界，生命可贵，时时警惕，意外横飞；

学会生存，人生积累，自爱助人，机敏智慧。

生命，对于每个人只有一次，这是天经地义的道理，但却并非人人都明白。珍惜生命是“爱”的一种责任，一个人健康地生活、工作或学习不仅表现了他对全人类的爱，为社会创造了宝贵的财富，而且也表现了对亲人的爱和责任，你的健康生命给家人带来了幸福愉快和安全感。对儿童、青少年尤其如此，因为一个孩子往往寄托着几代人的殷切期望。

目前我国的学校和家庭教育都存在着一个巨大的盲区，每个孩子最需要的生命教育一直都被严重地忽视了！往往是在出现各类伤亡事故后，学校和家庭才急忙进行一些“补偿性教育”，但其作用常常是微乎其微的。意外伤害是我国14岁以下少年儿童的第一死因，有一半以上的残疾是后天的事故或疾病所造成的，其中包括少数中小学生也出现了尝试自杀和自残等的行为。

生命教育既不是唱“伟大光荣、辉煌灿烂”之类的高调，也不是高喊“自强自立、成才成功”之类的口号，而是引导孩子切切实实地低调做人和扎实做事。

孩子可以从观察植物的生长、开花结果中了解生命的过程，从观察动物的出生、发育繁衍中懂得地球的生态环境，孩子也可以从自身的成长发展和亲人的生老病死中领悟人类生命的意义。作为一个家庭，更要担负起对孩子进行生命教育的重任。有的父母认为孩子主要的任务是学习，因而家里发生的事情、有什么困难也不跟孩子说，孩子在家也不必承担什么责任和义务，这样就让孩子失去了“认识生命意义”的许多机会。

笔者曾多年从事“学校健康教育、健康促进”项目，这是世界卫生组织多年来在世界各国推崇的一项实践性非常强的工作。从20世纪90年代中期开始，在我国2/3的省市都曾启动过这个项目，其中的一个重要内容就是对中小学生进行安全教育和生命教育。

○ 典型个案

个案一 深圳六年级小学生用校牌挂绳自缢身亡

2009年12月17日下午5时30分左右，小广的父母亲回家后发现房门反锁，透过窗户，他们吃惊地发现儿子用一根校牌绳将自己吊在床头。小广的父亲陈先生飞起一脚踢开门，将孩子从床头解下来，却发现儿子早已没了呼吸。夫妻二人来自贵州，大字不识几个，他们一直在这片菜地里靠帮人种植青瓜为生，儿子就在附近的一所民营学校读书。小广平时性格很内向，不爱说话，周围也没有其他同龄的玩伴，这些因素可能让他感到更加孤独。

个案二 14岁男生寒夜毙命排水沟

武汉晚报2009年12月23日报道，12月18日早上8点多钟，张继鑫的父亲张本勇接到了孩子学校打来的电话，通知他们“孩子出了点事”。五井中学相关负责人介绍：“发现张继鑫的时候，他躺在宿舍后面的一条沟里，头朝东脚朝西，仰面躺着，死得很舒坦。”学校认为，根据现场来看是一起意外事故。

记者找到了张继鑫的一名室友。据这名不愿透露姓名的男孩介绍，他们男生宿舍住着初一到初三年级共28名男生，“高年级同学经常欺负低年级学生，有个高年级学生经常找我们要钱，谁也不敢不给他。”采访中记者了解到，对方所说的这名高年级学生名叫高国友（音），12月17日晚宿舍熄灯后，高国友先后让张继鑫出去买了两次方便面。“他曾表示自己不愿意去了，但最后还是因为害怕对方，去了。”

记者从当地气象部门了解到，张继鑫出事的12月17日晚，气温为零下10℃。

个案三 晚自习后的踩踏事故

学校又发生了不幸的踩踏事件，这在我国恐怕不是第一次了，前几年类似的教训不胜枚举，令人痛心的事件为何一再发生？就最近的一个严重事故来看，应该引起家长的重视。

据中国之声《新闻纵横》报道："昨晚（2009 年 12 月 7 日）9 点 30 分，在湖南省湘乡市育才中学发生一起踩踏事故。下晚自习的初中学生在下楼过程中拥挤踩踏，造成 8 名学生当场死亡，26 名学生受伤。"

◎ 个案分析

学校和家庭是否真正重视和落实与儿童安全相关的工作，要画上一个大大的问号。一个孩子在成长过程中，要学会珍爱自己的宝贵生命，更要学会关爱别人，关心、同情别人，自觉为他人服务，这样在关键时刻才能够保护自己，救助别人。在家教心理咨询中，笔者也发现有些孩子缺失了爱心，这不能不说是家庭教育中的一个失误。

在第 3 例个案中，从湘乡市发生的事故报道也可看到，本来是有科学的安全措施的："平时学校要求不同班级的学生下课之后都要从教学楼不同的四个出口出入，而每个年级都配有安全员，而昨天晚上下自习后，很多学生为了不想淋雨，就从离宿舍最近的楼梯口通过。"

为什么到了下雨的恶劣天气会失控？这恐怕不是唯一的理由。如果学生注意安全养成良好的习惯，绝不会因为下雨就违反规定。

再说，这个事故的发生更暴露了学校生命教育方面的极大空缺。

①在狭窄的楼梯上，学生应该非常有秩序地下楼，如有学生摔倒，为什么无人将他搀扶起来？为什么没有人出来维持秩序？安全员到哪里去了？老师到哪里去了？

②"有几个调皮的男生将楼梯口堵住，结果导致事故发生。"——将生命当做儿戏，这仅仅是"调皮"吗？显然是没有爱心和缺乏法制与生命教育的必然后果！

③"出现事故的育才中学是一家创办了十二年的初级中学，全校有 3

500名学生，占地120亩，在当地是教学质量和条件都比较好的学校。”学校的质量用什么来衡量？学校是否做过对学生的安全和生命教育？安全措施是否真正落实了呢？

④学校的领导、教师、学生要如何认识生命的意义呢？好学校、好学生，绝非只是以学习成绩高低为标准的，生命不存，谈何学习？

⑤对于意外事故的应变能力也不是说说就可形成的，而应该有必要的演练和反复的学习实践。在发生险情时，能够有一个、几个学生立即喊出："别拥挤，听我指挥！"这样可能死人的事故就不会发生，可是，我们的领袖型学生哪里去了？

⑥最后也不能够不提到家长的作用。如果有家长比较关注孩子的安全，像关心孩子学习成绩那样给孩子以安全的叮嘱，可能也能够防止一些悲剧的发生。

在第2例个案中，山东临朐五井中学14岁男生张继鑫，寒夜死在学校排水沟中。该事发生之后，张继鑫全家沉浸在巨大的悲痛之中，然而记者在调查该事故时，该校相关负责人竟然表示张继鑫被发现时“脸面上很舒坦，看不出有痛苦”。这是人话吗？是一名教育工作者应该说的话吗？可见某些教育工作者是非常缺乏珍惜学生生命的起码爱心的。

缺乏爱心是严重的隐患。一位母亲曾告诉心理医生，自己的儿子17岁了，最受爷爷的宠爱，甚至爷爷每天给孩子挤牙膏、洗袜子、洗澡，老人家常以为孙子服务为乐。可是，当爷爷生病住院时，父母因为忙不过来，让儿子在双休日去病房看护爷爷，这个人高马大的男孩却以各种借口推托："我又不是医生护士，功课没做完呢，我去有什么用……"母亲备感寒心，不禁泣不成声："等我们做父母的以后年纪大了，生病了，他能够管我们的死活吗？"

目前，中小学教育尚未把“生命教育”列入教学大纲。据我国卫生部门统计，近年来，我国每年约有28.7万人死于自杀，平均每两分钟就有1

人死于自杀、8人自杀未遂。自杀已成为15～34岁人群的第一死因。一个孩子选择结束自己的生命绝非偶然，冰冻三尺非一日之寒啊！如果分析一下自杀原因，至少有以下六个方面：

①以自我为中心。自身的需要得不到满足就灰心丧气，为什么没有毅力去追寻和等待？

②缺乏自信心。无论走了什么弯路，都可以从头再来，何必走极端呢？

③耐挫力很差。遭受失败挫折怕什么，为什么不能积极探索出路？

④不懂得爱的回报。采取自杀行动时，是否考虑过父母和亲人的感受呢？

⑤家庭中的消极暗示。如果父母、亲人有过寻死觅活的行为，动不动就说："不想活了！"孩子能不受影响吗？

⑥缺乏关爱别人的能力。有些孩子不知如何关心别人的疾苦，日常生活中只知索取，从不奉献。正确对待亲人的生老病死，学会爱自己的亲人，是生命教育的第一步。

因此，生命教育，学会爱别人，也就会爱自己，并会活出自己的生命质量和价值来。

○ 建议与谋略

毋庸置疑，一个放弃生命的人自以为获得了"解脱"，但他的亲人却可能终生笼罩在心理阴影中。再说，一个人的自杀对周围环境中的人是一种"不良教唆"，或称为"精神污染"，对整个社会来说，也意味着"世风有疾"。

什么人最不珍惜自己的生命？恐怕不外乎三种人：

第一种人，好高骛远，眼高手低，虚荣心强，而无真才实学；

第二种人，看重功利，患得患失，作茧自缚，能上不能下；

第三种人，悲观厌世，心胸狭窄，庸人自扰，顾影自怜。

这三种人容易心理失衡，因而自暴自弃、怨天尤人，容易患抑郁症，就可能选择自杀，而丝毫不顾及他人感受。

珍爱生命的教育，应从点滴小事做起。例如小鹃的父母非常支持正在上高中的女儿到“临终关怀医院”做志愿者，在准备高考期间也没有停止过。小鹃由此变得特别善解人意，她不仅时时关爱自己的父母亲人，无论学习多忙，也主动帮助父母做家务，照顾年迈的祖父母，而且上大学后她还成为大学生心理热线的积极志愿者，并加入“国际志愿者组织”。与此同时，她也是个品学兼优的好学生。

如果首先心甘情愿做一个普通的劳动者，也就心平气和、知足常乐，不至于动辄产生自杀的念头了。人人都应活出自己的阳光，这便是生命教育的真谛。

家庭的生命教育，我们建议要注重以下几个方面：

①珍惜光阴。活在当下，过好每个今天，做好眼前的事情，对自己、家庭和社会负责；

②珍惜健康。活得有质量，不为个人得失胡思乱想，生活有规律，注重身心健康；

③关爱亲人。家庭成员之间互相爱护、互相服务，孩子更要从小懂得感恩和爱的回馈；

④关注社会。人不可自私自利，而应理解他人疾苦，孩子也应为社会做力所能及之事；

⑤自我做主。遇到挫折、失败或错误、失误不气馁，敢做敢当，勇敢面对，如此定能转败为胜。在受到不公正的待遇时，敢于倾诉，勇于反抗，并掌握自我保护的技能；

⑥全面拓展。引导孩子树立自信心，学会身心的自我保护，锻炼坚强的意志力，发挥自我潜能，在复杂多变的社会环境中，保护生命是第一位

的，要具备足够的应激能力。

生命教育势在必行，如果死了人再说什么“亡羊补牢”的话，恐怕就太残酷、也太晚了！

父母应该经常与孩子进行心理沟通，共同讨论如何科学对待“生与死”的问题。生命教育其实可以渗透到日常生活的方方面面、分分秒秒之中。父母要以身作则，热爱生活，热爱生命，创造一个温馨幸福的家庭，这样就可以使孩子懂得：活着多么好，我要注重安全，保护自己，珍惜生命；关键时刻，救助别人，不怕牺牲；我不会白白来到这个世界，一定要做一个受人欢迎的人，每一个人都可以活得精彩，为爱我的人们多做点有益的事情！

亲子双赢：父母——弥补教育空白坚持生命教育
孩子——热爱生命自护有方茁壮成长

peiyangchenggonghaizi10zhao

38

亲近知心 人缘聚合，师长亲朋皆为人脉资源

第38招

观念更新，挑战风云，世界变幻，家教紧跟；

儿辈聪敏，易于纳新，相互借鉴，同心共进。

现在许多父母都说愿意做孩子的知心朋友，但这个朋友要让孩子承认可不是那么容易的，父母必须超越“代沟”，与孩子进行良好深入的心理沟通。两代人做朋友，最重要的是要求同存异，防止貌合神离，要相互包容和接纳。

古人说：“小人同而不和，君子和而不同。”这其中的辩证法是大有学问的，亲子之间如何做到求同存异？如何做知心朋友？父母们真要三思而后行啊！

如果您能认真地研究孩子，善于与孩子平等地对话，就能够找到培养孩子成人和成才的科学方法。从这个意义上来说，是孩子在“教”给您怎样做父母，孩子也在帮助您完善自己的人格，使您的人生变得更美好。这就是亲子双赢无极限！

可在现实生活中，许多父母往往不承认孩子有值得自己学习的地方，而总在苛求和挑剔孩子。多多倾听孩子说话，也就是认真“读一读”孩子这本丰富多彩的“书”，要知道，孩子可以做您的“小老师”。这也就是说，父母应该将孩子看做一个独立的人，凡事平等地与他商量；给孩子选择自己的行为和作决定的机会。父母应与孩子共同学习感兴趣的知识和技术，耐心倾听孩子的心声，做孩子可以亲近和说知心话的朋友。

儿童是父母的镜子，父母更应该以孩子为“镜子”，承认自己也是不完美的。父母要接受孩子的意见，知难而进，知错就改，家教一定要紧跟孩子的成长与变化。家长应该与孩子共同学习、共同成长，理解并尊重孩子，只有被孩子欣然接纳的父母，才真正有资格教育孩子。

○ 典型个案

在每个孩子的成长过程中，家庭和学校扮演着不同的角色，起着不同的作用，但家庭和学校的教育目标是一致的，应该相互沟通与合作。近年心理咨询工作中的一些典型个案，就反映了家校合作中的某些问题，我们可以来看以下的几例个案：

个案一　为什么老师总是“告状”？

初一的钫钫是顽皮出了名的，他学习成绩较差，而且有时与外校的男孩一起去玩，常常完不成作业。于是，老师三天两头请家长，班主任说：“钫钫管不住自己，家长就得多操心，每天下学接他一下，免得被别的孩子叫去玩。”钫钫的父母完全按照老师的提议做，可是不见孩子有什么进步。他反感父母还拿他当小学生，结果更加厌学，爸爸经常揍他，钫钫就离家出走。老师照样告状，钫钫学习仍不用心，于是就陷入了恶性循环当中。

个案二　她为什么选择轻生？

初二女孩茫茫生活在单亲家庭，她腻味妈妈和姥姥的唠叨，常感到生活单调、枯燥，情绪越来越低落，有时也不愿做作业。一天，茫茫又没有完成作业，她对老师说，作业本忘在家里了，老师让她回家去取。茫茫回到家里，感到非常失落和痛苦，她趁姥姥出去之际，将母亲平时吃的一整瓶“安定片”都吃了下去。因抢救不及时，茫茫永远离开了她的伙伴。这是谁的责任？一个患抑郁症的女孩夭折了，一个鲜活的生命毁灭了，即使法庭能够分清责任，又意义何在呢？

个案三　如何对待“不公平”？

高一的玫玫在竞选学生会干部时，她与另一女生票数相同，因为那女生的父母是某部委的官员，某老师便私下将玫玫“拿下”，并对她说：“你风格高一点吧，我让你当班长，以后还有机会进学生会。”老师太不公平，玫玫的母亲到学校大吵大闹，并惊动了上级主管部门，玫玫认为自己没面子，在学校处境很尴尬，想转学。

○ 个案分析

学校希望家长配合学校的工作，以便形成一股合力，有利于孩子健康顺利地成长。但因学校正处在教育改革的转型时期，面临许多前所未有的新问题，教师和学校领导也不可能是十全十美的，面对形形色色的学生和社会方方面面的复杂影响，其水平有限，在教育观念和教育方法上也可能不够成熟、科学，并可能与学生、家长产生分歧。

如果承认这些客观现实，家长就应该对学校和教师的工作采取理解、平和、宽容的态度，也不要期望过高，应使家庭与学校的合作有一个较准确的定位。

首先家长要了解学校工作的现状。学校面对的是学生群体，在教书育人方面很难细致地关照每一个学生，学校容易产生的某些失误仍是不可避免的。其次，家长要明确自己的角色。家长是很难改变或左右学校的日常工作的，在家校合作过程中，也是家长与孩子共同学习和成长的一个过程。为了孩子的健康成长，家长应该调整自己的心态，主要应注意以下几点：

一不偏袒孩子，正视孩子的优势与弱点；二不冲动指责，要允许孩子犯错误，也允许老师和学校有失误；三不包办代替，引导孩子学会处理自己遇到的问题和挫折失败，促进孩子的成长和走向独立。鉴于以上的实例和分析，以下家校合作的原则供家长们参考：

①明确目标。从促进孩子成长的目标出发，与学校建立融洽的合作关系；

②主动配合。根据自己的时间和精力，尽量按时参加家长会或家长学校的学习；

③尊重理解。对教师和学校管理者应尊重理解，有意见分歧时主动进行讨论与协商；

④信任宽容。对班主任及任课老师应信任宽容，保持经常的联系和沟通；

⑤不卑不亢。对老师不必唯唯诺诺、有求必应、盲目服从，但也不应该盛气凌人、傲慢无礼，而应自尊自信，家长与老师应是平等的合作关系，没有高低贵贱之分；

⑥遵纪守法。家长在与学校老师交往时，都应该通情达理，遵纪守

法，讲究文明礼貌；

⑦ 诚实公正。家长可以与孩子讨论和评价学校或教师的所作所为，对教育者的失误、错误等都不必隐瞒和掩饰，应该诚实公正地告诉孩子，也应该在适当场合与学校进行沟通；

⑧ 清醒冷静。如学生与学校或教师发生矛盾冲突，家长应保持清醒的头脑，冷静地调查分析事情的真相。当解决问题有困难时，可向教育、心理、法律专家咨询，也可以向上级主管部门反映。

家长与学校的合作是一门学问，家长对学校的正确态度、良好的沟通与合作，对孩子可以成为积极的心理暗示，并成为孩子待人处事的榜样。相信每一位家长都能够成为家校合作的模范，家校合作的成功不仅能够有效促进孩子的健康成长，还可以成为学校教育改革的宝贵资源和巨大动力。

◎ 建议与谋略

亲子之间可以成为知心朋友，朋友之间是应该相互沟通和接纳的。因此，家长应弥补学校教育的某些不足，做好孩子的心理保健医生。

台湾一位著名的教授说："心理健康在贫困时代是奢侈品，在发展中国家是点缀品，在发达国家是必需品。"这说明了心理健康教育在世界发展的必然趋势。

家庭教育与学校教育不同的是，家庭教育应该更具个性化，应该更适应孩子的现状。家长的期望必须与孩子的兴趣、理想实现"对接"，否则家教就无的放矢，父母与孩子又怎么能够成为真正的知心朋友呢？孔子说：不患人之不己知，患不知人也。父母不要只担心孩子不懂家长的心，而应该更多了解孩子的所思所想，理解孩子的内心，能够与之对话，如此才能帮助孩子成为身心健康的人。否则，家教又怎么能有实际的效果？

父母要关注孩子的心理健康，做孩子的知心朋友，可从以下方面着手：

①角色调整。放下长辈的架子，决心做孩子的同学、玩伴、朋友，不

做监工、警察；

②倾听为上。耐心听取孩子的倾诉，不设任何限制，创造畅所欲言的氛围；

③语调改变。杜绝教训的口吻，心平气和地说话，使孩子消除戒备恐惧心理；

④讨论习惯。对关系孩子的事情认真讨论，给孩子平等的、充分的表达机会；

⑤信任关系。不用任何孩子不能接受的方式对待之，亲子之间要建立相互信任的关系；

⑥敞开心扉。亲子之间不设防，要说真话、实话，真正视对方为知心伙伴。

诚然，当家长遇到困惑，感到与孩子难以沟通时，也应该向专业的心理门诊求助。对于中小学生和广大的儿童、青少年，心理健康教育和必需的心理辅导与咨询服务是其成长过程中不可缺少的精神钙质。为了我们的新一代，让我们为中小学生的成长创造一个促进其心理健康、充满阳光雨露的温馨环境吧！

亲子双赢：父母——亲子知心称兄道弟育人成功

孩子——同龄学伴人脉源泉团队精诚

peiyangchenggonghaizi40zhao

39

求知更新 亲子协作，同学共进保障孩子成功成才

第39招

陈旧理念，思想羁绊，反思失误，举一反三；

亲子协作，勇于实践，崭新兵法，灿烂明天。

教育孩子是需要父母具备一定的超前意识的，教育观念应该不断地更新，否则以后您的孩子可能就难以跟上时代的发展。观念的更新有多重含义：一是跟上世界的变化，需要一定的远见卓识；二是适应学校教改、社会的改革转型与变动，敢于向陈旧的观念和不科学的教育方式挑战；三是如何汲取多元文化中的精华，多方借鉴国内外的科学教育方式；四是发现孩子的独特个性，使家教有的放矢，适应自己孩子的具体情况，而不盲目与别人攀比。

新观念从何而来？一靠学习，从书本、网络、培训、讨论中学习，向孩子学习；二靠悟性，通过亲子沟通领悟家教真谛；三靠社会环境的引导和支持，将家教当做一项关系民族未来的伟大事业，全社会都来关心，则每个家庭都可受益。观念是行为的向导，相信大多数父母都是在自觉更新观念，不会拘泥于老祖宗惯用的教子方式，这是大势所趋。

○ 典型个案

以下两例个案发人深省：

个案一　曾经是少年班的神童，为何力不从心？

某科研单位研究员小苏，年仅25岁，已工作了七年。他来进行心理咨询时说：“我是大学少年班毕业的，从小在赞扬声中长大。可工作后我感到力不从心，患了神经衰弱，体质又差，自信心大大受挫。承担重点科研项目感到压力很大，成天忧心忡忡。领导要提拔我做研究室负责人，我不敢接受，觉得自己的能力和精力都不胜任。为什么会这样？是我无能、不求进取吗？绝不是！恰恰是从小太用功了。我从没参加过男孩子打仗、上树之类的游戏，父母也不让我做家务。结果我成了深度近视，我在同学中个子也最矮。所谓神童，其实许多能力和潜力都被压抑了。如果让我重新选择童年，我绝不再做好学生，我宁愿轻松学习，尽情地玩个够！”好学生就不能玩吗？如今中小学生主张：要既会学习，也会玩儿。

个案二　影响学习的怪念头从何而来？

女生小李一向学习非常勤奋。可从上初三以来，每当上课或在家做作业时，她发现自己脑子里常出现许多怪念头：书上怎么有“黑点儿”？我的笔写出来的字怎么就这样难看？我眼睛的“余光”怎么老是往书本外边看？我觉得自己坐不住了……这些念头天天折磨着她，一直忍受了半年多，到临近中考时，她极度焦虑和紧张，再也不能坚持学习了，只好休学。

当她来进行心理咨询时，心理医生与她的对话内容是这样的：

“双休日你一般做什么？”

“一天补课，一天自己做作业。”

“你每天下学后学习几个小时？”

“至少5个小时，老师和家长都说12点以前不能睡觉，必须抓紧学习！”

“你什么时间娱乐和放松？”

“哪有时间？一点不敢休息，成绩还上不去，哪敢想娱乐！”

“你每天学进去多少？期中考试成绩怎样？”

“反正每天拼命写作业也做不完，我脑子里乱糟糟的，谁知道学进去多少。期中考试两门没及格，中考肯定过不了关，我只有先休学了。”

她患了强迫性神经症和焦虑症，这种神经系统暂时失调的症状，就是因为学习生活过度紧张，缺少调剂和放松。

○ 个案分析

许多罹患精神障碍和心理疾病的好学生，都是因为学习过度、游戏不足。从应试教育向素质教育转变的过程中，消除“游戏无益”的传统观念的影响，减轻学生学习负担，给中小学生以娱乐和休息的权利，给他们以充分接触社会、了解信息的机会，是一个不可回避的问题。

大多数家长对心理健康知识了解不多，而学习中的心理压力、人际关系和挫折失败等都可能诱发孩子的心理障碍或疾病，导致学习成绩下降，但它们又是可以预防和容易排除的。家长应该关注孩子学习中的心理健康问题，在其中做出自己的努力。

学习中的心理健康问题，主要有三个方面的含义：

一是学生自身是否懂得科学用脑，劳逸结合，掌握省时高效的学习方法；

二是学习中的人际关系如师生关系、同学关系和亲子关系等，是否会因人际冲突而影响学习效果；

三是要具备健康的竞争心理，正确对待分数和名次等问题，是否树立了自信心，能够承受挫折和失败。

另外，孩子心理上的某些问题包括像女生小李这样的问题，是在学习过程中过度紧张焦虑、又缺乏适当的体育运动和休息造成的。患上强迫症、焦虑症、抑郁症的学生不在少数，您能够说他不用功吗？这是不应该进行任何所谓“道德评价”的，心理问题或疾病是与生理上的疾病一样的。试想，您会对一个孩子的感冒、近视眼、营养不良等进行“道德评价”吗？

关注孩子学习中的心理健康问题，也就是关注孩子的健康成长问题。这意味着，孩子不是一架“学习机器”，而是有情有理、有血有肉、有思想、有个性的人。他的学习情绪和学习效果都会受到环境中方方面面因素的影响，并且是外因通过内因起作用。

○ 建议与谋略

注意家教的知识更新，可保障孩子的身心健康，又可使父母在家教中有各种新的创意。

所谓创意父母，就是心情开放，观念开通，像魔术师般的变幻许多新法子，以促进亲子关系的融和，让孩子充满新奇、喜悦并快乐地成长。一般来说，创意父母应该具备一些特质，如自知、警觉、流畅、独创、精准到位等。创意父母就是要给孩子提供民主、安全、和谐的家庭气氛。环境对孩子经常具有不可低估的影响，过严或纵容的环境都不太好。比较理想的环境是一种支持性的环境，也就是自由、民主、和谐、安全的环境，孩子有积极的认同对象，父母能被接纳、有幽默感，并且常和孩子接触，有同情心。

家长要允许孩子做自己喜欢的事。失败的父母有一个共同特征：喜欢要求孩子照自己的模式去做，处处干涉，常常唠叨。父母应该让孩子有自己的天地，按自己的兴趣去发挥。

如果孩子提出一些奇怪的问题或做出调皮的事，父母处理的态度应具有耐心与弹性。孩子的学习可以是快乐的，例如以猜谜语、过家家、分类、想象的游戏方式，让孩子自然地学习，并给孩子提供发问的机会；让孩子有机会成为为家庭作决定的一分子，家庭会议是一种具体可行的途径；父母要能够与孩子分享创造的成果，并能够保证孩子的创造力，也就是特别注意孩子的特殊表现及倾向，不断充实孩子的经验及知识基础。

曾有一位南京的大学生，在上大学期间与自己的父母签订“学费借贷”的协议，大学毕业后，他要将这笔学费归还给父母。几年前，这还是一件比较新鲜的事情，而在如今看来，这样做的父母仍是寥寥无几，但这在西方国家却是司空见惯的事情。为什么中国的父母们麻木不仁？有父母说：给孩子出学费是理所当然的，何必要让他还？签订这样的协议，是不是父母太小气，会弄得亲子关系生分了？

这就是一个教子观念的问题，并非父母小气、缺钱，也不是父母不顾亲情，而是应该考虑儿女在进入成人行列后，如何对家庭、社会建立责任感。尤其应该看到，我们的孩子从小缺乏责任感、义务感，他们成人后又会如何呢？中老年父母永远是一个白白尽义务的“苦行僧”角色，有多少人关心父母的生活质量呢？

以“亲子协议”的方式来引导孩子的成长，是国际上比较推崇和有效的方式，可避免家庭教育中的“马后炮”现象，避免家长虎头蛇尾、无可奈何的困境。通过适当的“亲子协议”，可以树立父母的权威，使孩子懂得自己的责任。具体来说，“亲子协议”的实施步骤如下：

①确定采用的形式。可用口头（如幼儿和小学低年级）、书面、录音、录像、成长日志、家庭档案、电脑文件等多种方式；

②制定亲子双方承诺的内容。内容要少而精，一般不超过五条，每条要有孩子和父母双方的责任，不说空话、套话、假话、废话，实实在在，有的放矢；

③要有共同接纳的奖励与惩罚办法。父母一定要与孩子商量，双方可以举出多种方式以供选择，但一定要遵循文明、科学、健康的方式。例如奖励是订一种孩子喜欢的报刊，惩罚是如有三次看电视超过时间，双休日就减少一次外出活动等；

④定期相互沟通与监督检查。例如两周与孩子共同举行一次家庭会议，畅所欲言；

⑤根据孩子的不同年龄阶段拟订新的协议。平均一年左右调整、拟订一次新的内容；

⑥不断落实和修订执行协议的措施。发现新的问题，可及时修改协议内容。

家庭教育的实质是亲子间的协作，而不应只看做父母对孩子的单向教育。

亲子协作是家教双赢的保障，在这里祝愿父母们教子成功，家庭幸福，人生快乐！

亲子双赢：父母——信息风暴方向不迷智多星

孩子——认知更新勤学不辍新学侠

peiyangchenggonghaizi40zhao

40

善于求助 及时上网，孩子问题解决在萌芽状态

第40招

信息素养，善用网络，时代潮流，明智抉择；

多元文化，学有心得，新招层出，家教变革。

笔者从事中小学生心理咨询工作三十多年，接触过上万例中小学生心理咨询个案。小学生中有1/4左右存在心理问题，大中学生有1/3左右存在心理障碍。儿童、青少年是心理疾病的高危人群，这已被大量事实与科研结果证实。

中小学生心理疾病的分布如一个“埃菲尔铁塔”的形状：宽大的底座是大多数的轻度心理障碍，一般通过学校与家庭心理辅导即可解决；而高耸的塔身代表了神经症患者和严重的心理障碍，应该由专职心理医生和精神科医生进行心理咨询和治疗；而发展到塔尖位置，就令人担忧了，人格障碍与变态心理难以矫治，精神病患者必须到精神病医院治疗，如不能及时发现和治疗，有些人就成了终生的精神残疾。

成人中各种不同程度的心理疾病，约有2/3的患者是在儿童、青少年时期就出现了各种典型的症状，因未能得到及时的心理服务，往往影响了他的事业发展和家庭幸福，乃至成为终生的遗憾。若是父母经常与孩子协商对话，许多问题就可以迎刃而解。

毕竟普通的父母们都有自己的本职工作，自己的学习时间有限，也很难完全靠自己的知识和技能、力量来解决孩子出现的所有问题。因此，在当今网络发达的信息时代，当您遇到自己难以解决的家教问题时，我们倡议您及时地求助。

◎ 典型个案

例如家长们通过全国妇联开办的“中国家庭教育网”、全国家庭教育网络学校，可以提出自己的问题。近年来，许多中小学生的家长已经比较重视从网络上求助有关家教的问题，笔者每年就为数十位家长解答了他们急切希望解答的家教问题。

下面试举其中的三个实例：

个案一 5岁的儿子最近多了一个不好的习惯：当着别人的面脱裤子，

把“小鸡鸡”露出来。我有些犹豫，太干涉吧，怕他对此越来越感兴趣，不管吧，这样下去也不是办法。我该怎么办呢？

个案二　我是个单亲妈妈，女儿今年6岁，丈夫在两年前的一场车祸中去世了，直到现在我都不敢告诉女儿实情，怕孩子承受不了，只说爸爸到天堂去上班了。孩子有时会问关于爸爸的问题，我都不知道怎么回答，我知道这样拖下去对孩子的成长不利，但我又怕孩子知道后会有自卑感，造成性格上的缺陷。请问专家，我怎样才能正确引导孩子接受这个现实并帮助女儿健康成长呢？

个案三　我儿子是网络游戏的受害者，为了这个，我们和他没少发生冲突。我们什么手段都用了，讲道理、封锁电脑，甚至是打骂都没用，他昨天跟我说，如果我再管他玩游戏，他就离家出走，我该怎么办？

○ 个案分析

家长发现孩子的问题会非常焦虑，但往往又会顾虑重重。对此，专家可以从比较客观和科学的角度给予可行性的建议。

关于个案一的解答：

能够及时发现孩子的问题就好，希望您能够重视起来。因为您的儿子明年6岁，可以上学了，这个问题应尽快解决，否则可能对他今后在学校的适应带来困难。

父母当然不能随便干涉，但也不可以放任自流，若不能矫正，有可能向“露阴癖”的方面发展，那样就是一种性变态的行为了，年龄大了以后就很难矫正。现在对您的建议如下：

①观察记录情况。请认真记录孩子的情况，比如三天或一周，看这个行为在什么时间、地点发生，成人是否说了什么话；家人也应该回忆一下，孩子从何时开始这个行为？具体情境怎样？在矫正过程中也应继续记录情况，或作为孩子的“成长日记”来坚持做记录。

②明确告知后果。家长最好在与孩子单独相处时，明确告诉孩子：

一是人为什么穿衣服？因“小鸡鸡”和屁股都不能当众暴露，这是人和动物的根本区别；

二是当众脱裤子有什么后果？被别人笑话，被认为精神不正常（傻子、疯子）；

三是什么是人的秘密（隐私）？人的身体是父母给的，是自己的秘密，别人不能随便看和摸，尤其穿内衣的部分不能让别人看见。

不要吓唬孩子，但是必须郑重地说清楚，最好让父亲来说更具权威性。

③训练入厕习惯。养成良好的入厕习惯，让孩子明白男孩只有大便时才需要脱裤子。

④不易脱的裤子。给孩子穿背带裤等不容易脱的裤子，要求孩子脱裤子时必须告知大人。

⑤奖惩办法分明。孩子如果能够改掉这个行为，就奖励他；如果持续这个行为，成人可以用不影响健康的方式惩罚他。例如可以离开他一会儿，或延迟满足他想得到的东西等。

⑥及时咨询求治。如果用以上办法无效，或半月、一月仍无好转，请务必带孩子去儿童医院或其他医院的心理门诊进行咨询和治疗，千万不可拖延。

关于个案二的解答：

有些失去的东西可能永远都回不来了，我们不能总是停留在记忆中，要向前看，前途无量！明天依旧是阳光灿烂的，也希望您以这样的心情来对待女儿。

6 岁孩子能够理解的东西确实很有限，但您还是应该尽量以她能理解的方式，让她知道爸爸已经离开她了。“说爸爸到天堂去上班了”，用这样的说法是不能长久的。不知您的女儿是否上学了，上学后如果同学问起她爸爸的情况，又该如何回答呢？因为其他同学可能会明白“天堂”的含义，若是您的女儿还不懂，而让别人说出真相，可能她受到的打击更大，与其如此，还不如在家里让她先明白一切。以下对您的建议可供参考：

①通过讲故事帮助女儿理解“生死”的意义。

例如动画片《狮子王》，讲的就是小狮子辛巴从小失去父亲，但它经历了各种坎坷与磨砺后，最终成长为坚强自信的年轻的狮子王。这就是对她的个性和心理成长加以保障健全的关注和促进。

②关于爸爸的事情，对女儿尽量如实相告。

可告诉女儿，已经离开你们了，因为他知道孩子已经能够照顾好自己。只有加强和女儿的沟通，让孩子愿意和您说话，才能接近她，了解她在想些什么，并慢慢以母亲的爱抚平她的伤痛。同时，更要鼓励女儿多与同龄人交往，让她知道自己和别人没有什么不一样的。

③引导女儿接受父亲去世的现实，但要委婉。

父亲去世时，女儿才 4 岁，这个年龄的孩子对父亲的离去还不会太敏感，对父亲的形象记忆也不会太深刻。妈妈应该和颜悦色地告诉她事实，并且让她懂得生活中出现车祸等意外的不是你们一家，这是许多人家都可能遇到的，并针对女儿的表现、性格上的弱点加以引导。

④争取再婚，给女儿完整的家庭温暖。

虽然这是一件很不容易的事情，不能草率，要认真选择，但也应采取积极的态度。趁着女儿还小，她能够比较容易地接受一位有爱心的“新爸爸”。若等女儿再大一些，尤其是10 岁后进入青春期，情感上就有可能产生抵触。您应该尽快调整自己，开始新的生活，这样就可以对女儿产生积极的影响。

关于个案三的解答：

网络游戏并不是要完全禁止的，而是要有一定内容和时间的限制与正确选择，关键是亲子之间要有良好的心理沟通，并且能够求同存异，才可能消除两代人之间的冲突与对立。

为此，我们对您提出以下几点建议，可供参考：

①家长首先不应全盘否定网络游戏。

网络游戏有它的合法性，并已经是国际上承认的正规的比赛项目。家长首先应该克服偏见，不能简单地认为“儿子是网络游戏的受害者”。许多今天的网络精英往往也是幼小时从网络游戏开始接触电脑的。家长可以尝试和儿子一起玩网络游戏，如果家长不会玩，就可以向儿子请教。这样家长才有发言权，并可能令孩子心服口服。

②要发现孩子的长处和优势，并请对计算机内行的人进行指导。

最好能够请计算机专业人士来对孩子进行指导，让孩子懂得，电脑不是玩具，它是一个万能的高科技工具，可以用它来做许多有益的事情。例如查询资料、听歌曲、看电影、设立自己的网站、写博客等，可以做很多创造性的工作。其目的不是仅仅禁止网络游戏，而是将孩子的兴趣爱好引导到正确的轨道上来。

③与孩子共同制定使用电脑和上网的规则。

做家长的要很理智，可以说：“我们可以不管你，但你作为一个男子汉，要学会管好自己！你怎么玩网络游戏？咱们得制定规矩，父母是你的监护人，要看你的承诺和行动！”

家长可用“家庭会议”的方式，让儿子做出承诺，制定几条网络游戏的规则，并且其中要有奖惩的具体办法。这个规则必须认真执行，写好或打印出来，贴在电脑旁边，每天记录他的表现。奖惩的办法需要孩子自己说，做得好就奖励，但惩罚也不是用不文明的方式，而是要用文明的方式，例如减少游戏时间、做家务、跳绳、爬楼梯等，都可以作为惩罚方式。

限制网络游戏的目的，主要是要求孩子学会自我管理，同时将学习搞好。

④如果仍旧与孩子谈不拢，就应该求助于心理咨询。

这个事情不要拖延。当然，去心理咨询也要让儿子知道，让他自愿地去，不要强迫，也不要骗他。家长处处注意有理有节，孩子就不至于盲目地和家长作对，就会配合。

○ 建议与谋略

现在常见的、快捷方便的家教求助方式有：

①家教热线电话。电台、报刊、电视、各类媒体和研究机构设有家教热线电话可以求助；

②家教咨询网站。全国及各省市妇联、教育部门及相关科研单位等都会开设家教网站；

③家教专家咨询。可通过相关网站、专家的博客、邮箱等进行求助和交流；

④心理咨询门诊。许多省市的医院有心理门诊，有些民营心理机构、门诊也可咨询；

⑤家教培训讲座。通过网站的视频可听取专家讲座，也可从以上各项服务获得信息；

⑥亲子培训活动。可以有夏令营、家长学校培训或相关机构的专项活动。

在有些国家，已经非常重视对“准父母”的培训，夫妻通过科学的教育培训，要拿到合格证书才能生育和教养孩子。例如在日本某些城市，准备要孩子的年轻夫妻要接受72课时的培训，考试合格后，才能拿到做父母的证书。

而在我国大部分父母是在孩子出生后，随着孩子年龄的不同阶段，接受一些家长学校的短时间培训的，更多的父母是在孩子出现问题后才到处查书、找专家咨询，这样是不是太晚、太被动了？合格的父母要自觉地坚持终生学习，并且也要跟上社会的发展。

罗曼·罗兰有一句名言：“幸福是灵魂的香味，是一颗歌唱的心的和声。”家庭是人们幸福生活和“愉快寿命”的主要环境，父母是孩子“愉快生命”的创造者；家庭是解除精神疲劳的“疗养院”，亲子关系良好，孩子健康发展，才是家庭生活质量的重要保证。

人们曾特别关注“21世纪通行证”，也称为“地球村的护照”。对于青少年，则认为是计算机、英语、汽车驾驶和高等学历；对于成人，则认为是较高的学历、职务、职称、社会地位等。而关于新世纪做父母的资格，其实也同样是非常热门的焦点问题，国内外也有专门的研讨会。不在于专家学者说了什么，而在于每个普通父母对新时代家教的认识与实践。

笔者在做家教咨询时常遇到的情况是，有些家长工作忙，平时不关注孩子，若是孩子出现了身心健康问题或是学习出现了问题，就不得不放下很重要的工作来解决孩子的问题，但那样往往会很费时费力，效果也不好，因此，孩子成长中的问题最好是防患于未然。当发现孩子在生活习惯、学习习惯、交友、理财、身心健康等方面出现某些问题的苗头时，最好及时向有关专家咨询和求助，将问题解决在萌芽状态，这才是家长明智的选择。

亲子双赢：父母——及时求助最理智防患未然

孩子——科学教导防误区成长健康

Hou ji 后记

孩子是我们的未来和希望

在新春到来之际，仅以此书献给终日辛劳的父母们！

今天，是一个“唯变是恒”的时代，世界上的事情如同万花筒，瞬间便有千变万化，无论做什么事情都会受到多元化因素的影响，培养后代更是一个复杂的社会综合工程。家庭教育与社会发展息息相关，让我们大家一起来共同探讨，面对不断变革的世界，为家教出谋划策，并积极实现与新一代的心理沟通。

我们的世界已经从工业化时代跨入了信息化时代。每天每人获得的新鲜信息至少有数千条，据信息专家研究证实，看完网络上一天产生的信息得用四年多时间，更不用说还有电视、报刊、手机短信、广告、朋友伙伴的口传心授……海量的信息铺天盖地，真是无所不在。

当成人患上信息焦虑症、网络成瘾症、手机依赖症，为电话欺骗而迷茫、为短信忽悠而懊恼时，我们不能不将目光转向未成年的少年儿童。他们同样在面对信息社会，他们的分辨能力有限、自控能力较差，抗拒各类诱惑的免疫力尚不成熟，他们又如何面对信息时代的挑战呢？信息消化不良，信息污染，信息超载，信息暴力……这不可回避的时代危机，给家庭和学校教育提出了新的难题——甄别信息要智商，运用信息靠情商。

各位家长切记不可“跟风”，也没有必要将自己的孩子与别人加以比较，更要防止被某些商业化的所谓"家教"信息所忽悠和误导。还是把精力和时间放在冷静研究分析自己孩子的身上,以便有的放矢地解决具体问题吧!

作者愿为家长们提供可靠的家教信息,并继续长期为家长们服务。